# 어린이 수학동아

## contents

**표지이야기**

보글보글, 맛 좋은 라면~♬ '라면왕' 보구리가 냄비를 휙 들자, 쫄깃한 면발과 라면 속 재료가 두둥실 떠올랐어요. 숫자 모양의 재료가 뜻하는 건 뭘까요? 혹시, 더 맛있는 라면을 완성할 보구리의 비법~?

**10**

이야기로 늘늘! 여수잼

보글보글~ '곱하고 나누면' 맛있다!

**40**

퍼즐 마법학교

블루홀의 문은 일방통행?!

**숫자로 보는 뉴스**

**06** 빠르게 튕겨! 몸무게의 300배가 넘는 오줌을 누는 비결

## 수학 개념 완전정복!

- **04** 수학 교과 단원맵
- **08** 어수티콘
  나머지
- **16** 수콤달콤 연구소
  '공배수'로 여행 준비 끝!
- **20** 꿀꺽! 생활 속 수학 한 입
  절약요정 졸졸이의 지구 지킴 일과표
- **44** 수학 궁금증 해결! 출동, 슈퍼M
  바코드는 어떻게 만드는 건가요?
- **74** 꿀꺽! 생활 속 수학 두 입
  알쏭달쏭 시(時) 거꾸로 읽어야 아름답다?!
- **76** 똥손 수학체험실
  내 돈을 곱해줘! 오늘은 내가 투자 천재
- **80** 옥톡과 달냥의 우주탐험대
  보이저 2호와 천왕성
- **82** 수학 플레이리스트

## 진짜 재밌는 수학만화

- **24** 헬로 매스 지옥 선수촌
  화려한 발차기를 이기는 방법
- **32** 수리국 신한지의 비밀
  위기의 고누 내기
- **48** 인공지능 로봇 마이보2
  게임 속으로 들어가다?
- **58** 요리왕 구단지
  단짠단짠 소떡소떡!
- **66** 놀러와! 도토리 슈퍼
  반격의 도토리 슈퍼
- **84** 우당탕탕 수학 과몰입러
  남은 돈을 어떻게 쓸까?

# 수학 교과 단원맵

**12호** 수와 연산 곱셈과 나눗셈 ❸

이번 호 <어린이수학동아>가 초등 수학 교과의 어느 단원과 연결되는지 확인해 보세요. 어수동을 재밌게 읽는 동안 수학의 기초가 튼튼해져요!

| | 1학년 | | 2학년 | | 3학년 | | 4학년 | | 5학년 | | 6학년 | |
|---|---|---|---|---|---|---|---|---|---|---|---|---|
| | 1학기 | 2학기 | 1학기 | 2학기 | 1학기 | 2학기 | 1학기 | 2학기 | 1학기 | 2학기 | 1학기 | 2학기 |
| 수와 연산 | 9까지의 수 | 100까지의 수 | 세 자리 수 | 네 자리 수 | 덧셈과 뺄셈 | 곱셈 | 큰 수 | 분수의 덧셈과 뺄셈 | 자연수의 혼합 계산 | 분수의 곱셈 | 분수의 나눗셈 | 분수의 나눗셈 |
| | 덧셈과 뺄셈 | 덧셈과 뺄셈❶ | 덧셈과 뺄셈 | 곱셈구구 | 나눗셈 | 나눗셈 | 곱셈과 나눗셈 | 소수의 덧셈과 뺄셈 | 약수와 배수 | 소수의 곱셈 | 소수의 나눗셈 | 소수의 나눗셈 |
| | 50까지의 수 | 덧셈과 뺄셈❷ | 곱셈 | | 곱셈 | 분수 | | | 약분과 통분 | | | |
| | | 덧셈과 뺄셈❸ | | | | 분수와 소수 | | | 분수의 덧셈과 뺄셈 | | | |
| 규칙성 | | | | 규칙 찾기 | | | | 규칙 찾기 | 규칙과 대응 | | 비와 비율 | 비례식과 비례배분 |
| | | | | | | | | | | | | 여러 가지 그래프 |
| 도형 | 여러 가지 모양 | 여러 가지 모양 | 여러 가지 도형 | | 평면도형 | 원 | 각도 | 삼각형 | 다각형의 둘레와 넓이 | 합동과 대칭 | 각기둥과 각뿔 | 공간과 입체 |
| | | | | | | | | 평면도형의 이동 | 사각형 | | 직육면체 | 직육면체의 부피와 겉넓이 | 원의 넓이 |
| | | | | | | | | | 다각형 | | | | 원기둥, 원뿔, 구 |
| 측정 | 비교하기 | 시계 보기와 규칙 찾기 | 길이 재기 | 길이 재기 | 길이와 시간 | 들이와 무게 | | | 수의 범위와 어림하기 | | | |
| | | | | 시각과 시간 | | | | | | | | |
| 자료와 가능성 | | | 분류하기 | 표와 그래프 | | 자료의 정리 | 막대 그래프 | 꺾은선 그래프 | | 평균과 가능성 | | |

## 교과서랑 같이 봐요! | 함께 생각해 봐요!

**보글보글~ '곱하고 나누면' 맛있다!**
- 3-2 나눗셈 ▶ 나누어떨어지게 나누어 볼까요
- 4-1 곱셈과 나눗셈 ▶ 세 자리 수에 두 자리 수를 곱해 볼까요
  ▶ 세 자리 수를 두 자리 수로 나누어 볼까요

10p

- ☑ 생활 속에서 곱셈과 나눗셈이 필요한 상황을 이야기해 봐요.
- ☑ 10×10, 100×100, 1000×1000, …의 값은 금방 구할 수 있지요. 한 변의 길이가 10, 100, 1000, …인 정사각형의 넓이를 구하는 것과도 같아요. 이 점을 이용해서 1005×995의 값을 쉽게 구하는 방법은 무엇일지 이야기해 보세요.

**절약요정 졸졸이의 지구 지킴 일과표**
- 3-2 곱셈 ▶ 올림이 여러 번 있는 (몇십몇)×(몇십몇)을 구해 볼까요
- 4-1 곱셈과 나눗셈 ▶ 세 자리 수를 두 자리 수로 나누어 볼까요

20p

- ☑ 하루 동안 내가 얼마만큼의 쓰레기를 버리는지 기록해 봐요.
- ☑ 하루 동안 버린 쓰레기의 양에 365를 곱해서 내가 1년 동안 버리는 쓰레기의 양을 가늠해 봐요.
- ☑ 하루에 줄일 수 있는 쓰레기는 얼마만큼인지, 1년이면 얼마나 줄일 수 있는지도 계산해 보세요.

**알쏭달쏭 시(詩) 거꾸로 읽어야 아름답다!?**
- 3-1 나눗셈 ▶ 곱셈과 나눗셈의 관계를 알아볼까요
  ▶ 나눗셈의 몫을 곱셈구구로 구해 볼까요

74p

- ☑ 더하기, 빼기, 곱하기, 나누기를 주제로 시를 지어 보세요.
- ☑ 바스카라의 거꾸로 시를 참고해서 나만의 수수께끼를 만들어봐요. 가족이나 친구에게 내가 만든 수수께끼를 내 보세요.

**내 돈을 곱해줘! 오늘은 내가 투자 천재**
- 3-1 곱셈 ▶ (몇십몇)×(몇)을 구해 볼까요
- 3-1 나눗셈 ▶ 똑같이 나누어 볼까요
- 5-1 자연수의 혼합 계산 ▶ 덧셈, 뺄셈, 곱셈, 나눗셈이 섞여 있는 식을 계산해 볼까요

76p

- ☑ 우리 집 투자 놀이를 해봐요. 건강을 위해 운동하는 아빠의 몸무게에 투자하거나, 화분에 기르는 토마토 등에 투자할 수 있지요. 투자 이익은 어떻게 계산할 수 있을까요?
- ☑ 투자는 이익을 얻을 수도 있지만, 손해를 볼 수도 있어요. 이익을 얻을 가능성을 높이려면 어떻게 해야 할까요?

# 숫자로 보는 뉴스

글 최은솔 기자(eunsolcc@donga.com) **디자인** 오진희 **사진** Bhamla Lab, Georgia Tech

샤프슈터

샤프슈터의 모습을 영상으로 볼 수 있어요.

## 빠르게 튕겨! 몸무게의 300배가 넘는 오줌을 누는 비결

매미과의 곤충 '샤프슈터'가 특별한 능력으로 자기 몸무게의 300배가 넘는 양의 소변을 눈다는 사실이 밝혀졌어요.

'슈퍼 추진력'이라 불리는 이 능력은 곤충이 몸을 흔들 때, 몸에 묻어 있던 물방울이 몸을 흔드는 속도보다 더 빠르게 튀어 나가는 현상을 말해요. 미국 조지아공과대학교의 사드 바말라 교수 연구팀은 샤프슈터가 슈퍼 추진력을 이용해 많은 양의 오줌 방울을 빠르게 튕겨서 내보낸다는 점을 발견했지요.

#곤충 #샤프슈터 #오줌 #300배 #배수

내가 먹는 것 중 95%는 물이야!

샤프슈터의 꽁무니에서 오줌이 나오는 모습이에요.

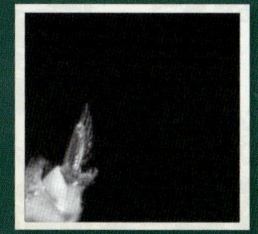 →  →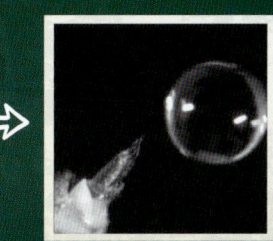

샤프슈터의 오줌 방울은 1초에 약 30cm를 갈 정도로 빠르게 날아가요.

샤프슈터의 무게 약 0.07g

300배

오줌의 무게 약 21g

　연구팀에 따르면 샤프슈터가 슈퍼 추진력을 활용하는 이유는 자신의 에너지를 아끼기 위해서예요. 몸길이가 1.2cm밖에 되지 않는 샤프슈터는 소변을 배출할 때도 많은 에너지를 써요. 슈퍼 추진력을 이용하면 한 번에 많은 양의 소변을 최대한 빨리 배출해서 에너지를 아낄 수 있지요. 샤프슈터가 먹는 것 중의 95%는 물인데, 물에 있는 영양분만 조금 먹고 나머지는 오줌으로 내보내요. 그래서 하루에 자기 몸무게의 약 300배에 달하는 양의 오줌을 누지요. 사람이 하루 동안 자기 몸무게의 $\frac{1}{40}$만큼 오줌을 배출하는 것과 비교하면 훨씬 많은 양이에요.
　연구팀은 "샤프슈터의 슈퍼 추진력을 연구하면, 아주 작은 로봇의 움직임 등에 활용할 수 있어요."라고 말했어요.

**어수티콘 사전**

어린이 수학 이모티콘 사전

# 나머지

나, 머지?

노란 숫자들이 신나는 표정으로 웃고 있네요! 다들 함께 있어서 무척 즐거운가 봐요. 단 하나, 맨 밑의 보라색 1만 빼고요. 왜 보라색 1은 "나, 머지?"라고 말하고 있을까요? 그건 보라색 1이 10÷3의 '나머지'이기 때문이에요.

글 조현영 기자(4everyoung@donga.com) 일러스트 밤곰
#수학용어 #수학개념 #이모티콘 #나눗셈 #몫 #나머지

# 더 이상 나눌 수 없는 수

**어수동**: '나머지'는 어떤 수인가요?

나눗셈을 했을 때 딱 나누어떨어지지 않고 남는 수를 나머지라고 해요. $10 \div 3$을 계산해 볼까요? 10 안에는 3이 세 번 들어가고, 1이 남지요. 식으로 쓸 때는 $10 \div 3 = 3 \cdots 1$과 같이 나타내요. 몫은 3, 나머지는 1이라는 뜻이에요.

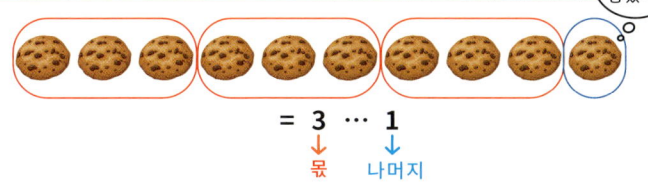

= 3 ⋯ 1
　몫　나머지

**어수동**: 그럼 나머지는 나누는 수보다 항상 작겠네요?

그렇죠! 헷갈린다면, 나눗셈을 뺄셈으로 바꾸어 생각해 봐요. 쿠키 10개에서 3개씩 빼 보는 거예요.

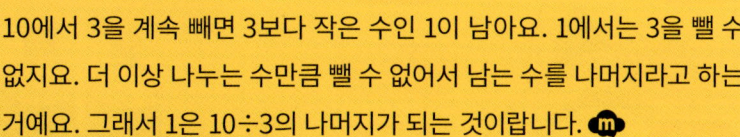

① ●●●●●●●●●●
② ●●●●●●●●●● $10-3=7$
③ ●●●●●●●●●● $10-3-3=4$
④ ●●●●●●●●●● $10-3-3-3=1$

10에서 3을 계속 빼면 3보다 작은 수인 1이 남아요. 1에서는 3을 뺄 수 없지요. 더 이상 나누는 수만큼 뺄 수 없어서 남는 수를 나머지라고 하는 거예요. 그래서 1은 $10 \div 3$의 나머지가 되는 것이랍니다.

## 독자들의 어수티콘과 2행시를 소개합니다!

한 아이가 학교에 지각해서, 신발 주머니를 직각으로 들었어요!

노하은(pjj0628)

**평**범하고 슬퍼보이는 저 도형은 사실
**행**복하게 잘 살고 있답니다.

이서헌(honey__0430)

나만의 수학 용어 이모티콘과 3행시를 만들어 주세요!

# 보글보글 '곱하고 나누면' 맛있다!

글 박건희 기자(wissen@donga.com) 디자인 김은지 일러스트 연지
#곱셈 #나눗셈 #세_자리_수 #가로셈 #세로셈

"난~, 라면이 세상에서 제일 좋아! 냠냠, 쩝쩝, 맛 좋은 라면~."

'머나먼 나라'에서 최고의 라면을 끓이는 방법을 배우고 온 자칭 '라면왕' 보구리! 동물의 숲 주민에게 '진짜 맛있는 라면'을 소개하려고 해요. 하지만 동물의 숲엔 아직 라면을 모르는 동물이 많아, 섣불리 라면 가게를 열 수 없었죠. 그래서 떠올린 기막힌 방법이 있었으니….

'아주, 아주 커다란 냄비에 라면을 아주, 아주 많이 끓여서 모든 동물에게 맛보여주는 거야!'
보구리는 중얼거렸어요.

"하지만…, 라면을 맛있게 끓이려면 물의 양을 정확히 맞춰야 하는데, 25그릇만큼의 물양을 어떻게 잰담?"

동물의 숲에 사는 동물의 수는 25마리이고, 라면 1그릇에 필요한 물의 양은 550mL야.

그때, 어디선가 '바스락'하는 소리가 들리더니 보구리 앞에 누군가 불쑥 나타났지요. 바로 숲에 사는 초등학생 계라니였어요.

"엣헴, 그 고민은 제가 해결해 드릴 수 있는데 말이죠!"

"엥, 너는 계라니? 네가 물의 양을 맞출 방법을 아니?"

"그럼요. 곱셈하는 방법을 배웠거든요. 라면 1그릇에 물이 550mL만큼 필요하고, 그걸 25그릇 끓이는 거지요?"

보구리는 고개를 끄덕였어요.

"그럼 550×25를 계산하면 돼요."

> 550은 백의 자리까지 있는 세 자리 수, 25는 십의 자리까지 있는 두 자리 수네.

> 5×5는 25니까, 5는 내려 적고 20은 백의 자리로 올림해요. 올림한 걸 나타내기 위해 백의 자리 위에 작게 '2'라고 써요. 5×2도 마찬가지 방법으로 올림해요.

$$\begin{array}{r} \overset{1\phantom{0}2}{550} \\ \times \phantom{00}25 \\ \hline 2750 \\ +\phantom{0}1100\phantom{0} \\ \hline 13750 \end{array}$$

◀ 첫째 줄엔 5와 550을 곱한 값을,
◀ 둘째 줄엔 2와 550을 곱한 값을 써요.

곱셈을 할 때는 자릿값을 헷갈리기 쉬워요. 하지만 곱해지는 수와 곱하는 수를 자릿수에 맞춰 세로로 적고 차례로 계산하면 자릿값을 한눈에 확인할 수 있지요. 이렇게 세로로 길게 식을 늘여 쓰면서 값을 구하는 방법을 세로셈이라고 해요.

> 곱하는 수의 자릿수가 중요한 거네? 곱셈에서도 '자리'가 중요한가 봐.

계라니가 말했어요.

"그런데 세로로 곱하는 셈 말고 더 재미있는 방법도 있어요. 이 방법은 앞으로 라면을 끓일 때 아주 유용할 걸요?"

보구리가 아주 솔깃한 표정으로 물었어요.

"뭔데, 뭔데?!"

"바로 가로셈이에요. 곱해지는 수와 곱하는 수를 가로로 놓고 각 자리에 맞춰 수를 쪼갠 뒤, 하나씩 곱한 값을 더하는 거예요. 곱셈은 결국 곱하는 수들을 하나씩 서로 곱한 뒤 더하는 계산인데, 가로셈으로 풀면 그 원리가 잘 보이지요."

**1**

550을 백의 자리, 십의 자리, 일의 자리로 쪼갰어요. 25도 십의 자리, 일의 자리의 수로 쪼갰지요. 이걸 식으로 나타내면, 이렇게 생겼어요.

(500+50+0)×(20+5)

**2** 쪼갠 수를 차례대로 하나씩 짝지어 곱하고, 곱한 값을 모두 더하면 550×25의 값이 돼요.

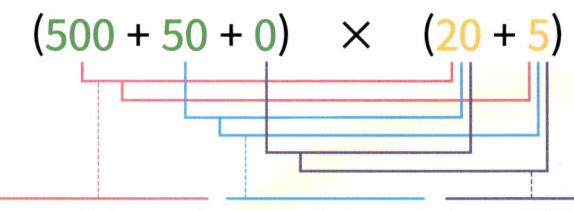

(500×20)+(500×5)+(50×20)+(50×5)+(0×20)+(0×5)
10000 + 2500 + 1000 + 250 + 0 + 0 = 13750

### 계라니 퀴즈

라면 한 그릇에는 작은 채소 조각이 18개 들어가요. 라면 25그릇에는 채소 조각이 모두 몇 개 들어갈까요? 빈칸(☐)에 들어갈 수를 써 보세요.

18×25=(10+8)×(20+5)=
(10×20)+(☐×5)+(8×☐)+(8×5)=☐

어느새 물이 팔팔 끓기 시작했어요. 보구리는 채소 조각을 끓는 물에 넣었지요. 회심의 비법 양념도 냄비로 풍덩! 드디어 보구리가 준비한 특별한 면을 넣을 순간이에요. 25그릇에 들어갈 아주 많은 면발을 보자니, 계라니는 갑자기 궁금해졌어요. '997이나 999처럼 큰 수를 더 쉽게 곱할 방법은 없을까?'

## 997×999도 빠르게 계산해보자!

997, 998, 999…처럼 백의 자리 수가 9인 수는 보기만 해도 아주 큰 수 같아서 불쑥 겁이 나요. 이때 유용하게 사용할 수 있는 인도인의 계산 방법이 있어요.

### 997×999=?

❶ 1000에서 997과 999를 각각 빼요. 3과 1이 남아요.

❷ 3과 1을 더하면 4가 되지요. 1000에서 4를 빼요. 996이에요.

❸ 996에 1000을 곱해요. 996000이 돼요.

❹ 3과 1을 곱하면 3이에요. 앞에서 구한 값에 3을 더하면 996003이에요.

997×999의 값은 바로 996003! 신기하지요? 어떻게 이게 가능할까요?

990이 넘는 큰 수의 곱셈 비법! QR코드를 찍어 원리를 알아보세요.

가로셈 방법을 잘 생각해 보세요.

"그런데 계라니야, 나눗셈도 가로셈으로 나타낼 수 있어?"
계라니가 대답했어요.
"네, 가로셈은 나눗셈의 결과가 정확한지 확인하는 계산에 많이 쓰여요. 가로식으로 나눗셈은 402 ÷ 25 = 16(몫) … 2(나머지)처럼 나타내지요. 이 식에서 25와 16을 곱하고, 그 값에 나머지인 2를 더했을 때 나눠지는 값인 402가 나오면 맞게 계산한 거랍니다."
보구리가 활짝 웃으며 말했어요.
"계라니야, 정말 고마워. 네 덕분에 곱셈과 나눗셈이 유용하다는 걸 알게 됐어. 게다가 손님들이 라면을 맛있게 먹는 것도 확인했지. 이만하면 자신있게 라면 가게를 열어도 되겠어. 내 특제 라면의 이름은 '곱하고 나누면'이라고 지어야지!"

## '공배수'로 여행 준비 끝!

수콤과 달콤은 여행을 떠나기로 했어요. 두 사람이 동시에 용돈을 받는 날, 친구들과 나눠 먹을 간식을 사러 가기로 했지요. 함께 여행 준비를 하며 공배수와 최소공배수에 대해 알아봐요.

글 최송이 기자(song1114@donga.com) **디자인** 오진희 **일러스트** 허경미, GIB

> 나는 3의 배수인 날마다 용돈을 받고, 달콤은 5의 배수인 날에 용돈을 받아. 우리 둘 다 용돈을 받는 날은 언제일까?

### 2022년 6월

| 일 | 월 | 화 | 수 | 목 | 금 | 토 |
|---|---|---|---|---|---|---|
|  |  |  | 1 | 2 | 3 | 4 |
| 5 | 6 | 7 | 8 | 9 | 10 | 11 |
| 12 | 13 | 14 | 15 | 16 | 17 | 18 |
| 19 | 20 | 21 | 22 | 23 | 24 | 25 |
| 26 | 27 | 28 | 29 | 30 |  |  |

### 수콤 비법

수콤과 달콤이 동시에 용돈 받는 날을 알아내려면 3과 5의 공통인 배수를 구해야 해요. 수콤과 달콤의 얼굴이 동시에 그려진 날짜를 찾아보세요. 달력에서는 15와 30이 3과 5의 공통인 배수네요. 이처럼 어떤 두 수의 공통인 배수를 '공배수'라고 해요. 배수는 셀 수 없이 많으므로 3과 5의 공배수도 15, 30, 45, 60, 75…로 무수히 많아요.

수콤달콤 연구소는 어린이들이 '쓴맛'으로 꼽은 초등수학 내용을 달콤하게 바꿔드려요.

**핵심 연구원**

 **연구소장 수콤**
'수학을 달콤하고 맛있게 만들기'가 목표인 허당 소장이에요.

 **수학 요리사 달콤**
어떤 수학도 달콤하게 만드는 달인이에요.

빵과 요구르트를 사서 친구들에게 1개씩 남김없이 나눠줄 거야. 둘이서 많은 양의 간식을 들고 가기는 힘드니 가장 적은 양을 사려고 해.

### 달콤 비법

빵과 요구르트의 개수가 같아지려면 2와 5의 공배수를 구해야 해요. 빵은 2개씩 묶여있으므로 2개, 4개, 6개, 8개, 10개, 12개…씩 살 수 있어요. 요구르트는 5개, 10개, 15개, 20개…씩 살 수 있지요. 단, 수콤과 달콤은 가장 적은 양의 빵과 요구르트를 사겠다고 했으므로 공배수 중 가장 작은 수인 '최소공배수'를 구해야 해요. 2와 5의 최소공배수는 10이지요. 공배수는 끝없이 많으므로 '최대공배수'는 구할 수 없답니다.

10명의 친구들에게 빵 1개, 요구르트 1개씩 나눠줄 수 있어!

$2 \times 5 = 10$  $5 \times 2 = 10$

# 수콤달콤 기차여행

**연구소역**

수콤과 달콤은 각자 집 근처 기차역에서 출발해 '연구소역'에서 만나기로 했어요. 수콤이 타는 기차는 **6분마다** 한 번 연구소역에 도착하고, 달콤이 타는 기차는 **10분마다** 한 대씩 도착해요. 최소공배수를 구해 두 사람이 동시에 연구소역에 도착하는 시간 중 가장 빠른 시간은 언제일지 알아보세요.

| | | | | | | | | | |
|---|---|---|---|---|---|---|---|---|---|
| 6분 | 12분 | 18분 | 24분 | 30분 | 36분 | 42분 | 48분 | 54분 | 60분 | → 6분마다
| | 10분 | | 20분 | 30분 | | 40분 | | 50분 | 60분 | → 10분마다

**수콤역**

**수콤 비법**

지금은 오전 10시야. 수콤역과 달콤역의 기차 시간표를 비교해 동시에 도착할 수 있는 시간을 찾아볼까?

6과 10의 최소공배수를 구하면 수콤과 달콤이 언제 만날지 쉽게 알 수 있어요. 최소공배수를 구하기 위해서는 여러 수의 곱으로 나타낸 곱셈식을 이용하면 돼요. 단, 1과 자기 자신을 곱하는 식은 제외해요.
곱셈식에서 공통으로 포함된 수와 공통되지 않은 수를 한 번씩 곱해요. 6=2×3, 10=2×5이므로 공통된 수인 2와 공통되지 않은 3, 5를 한 번씩 곱하면 2×3×5=30이지요. 따라서 6과 10의 최소공배수는 30이에요.

**연구소역 도착시각**

- 10 : 06
- 10 : 12
- 10 : 18
- 10 : 24
- **10 : 30**
- 10 : 36
- 10 : 42
- 10 : 48
- 10 : 54
- **11 : 00**

## 달콤 비법

나눗셈을 이용해 최소공배수를 구하는 방법도 있어요. 먼저 두 수를 공통으로 나누는 수를 찾아 아래 방향으로 나눗셈을 해요. 더 이상 공통으로 나누는 수가 없을 때까지 계산한 뒤, 식의 왼쪽과 아래쪽에 적힌 수를 모두 곱하면 최소공배수가 되지요. 'ㄴ'자로 곱한다고 생각하면 쉬워요!

$$2 \overline{)\,6 \quad 10\,} $$
$$\times \quad 3 \times 5 = 30$$

**연구소역 도착시각**

- 10 : 10
- 10 : 20
- **10 : 30**
- 10 : 40
- 10 : 50
- **11 : 00**
- 11 : 10
- 11 : 20
- 11 : 30
- 11 : 40

달콤역

시간표를 일일이 비교하는 것보다, 최소공배수를 구하는 게 훨씬 간편한걸?

## 절약요정 졸졸이의 지구 지킴 일과표

물을 졸졸 아껴 쓰지 않고, 콸콸 쓰는 친구가 있다고? 경환이의 일과표를 보니, 너무 많은 물과 플라스틱을 사용하고 있잖아~?! 나, 졸졸이와 함께 물과 플라스틱을 절약하고 환경을 지키는 방법을 알아보지 않을래? 곱셈과 나눗셈을 활용하면 금방 알 수 있거든!

글 최은솔 기자(eunsolcc@donga.com) 디자인 오진희 일러스트 GIB 사진 GIB
참고자료 수학교육학회연구부 '초등학생을 위한 수학실험 365 2학기', 그린피스 '2023 플라스틱 대한민국 2.0 보고서'
#곱셈 #나눗셈 #환경 #물의_양 #플라스틱

## 아침에 일어나자마자 응가!

졸린 눈을 비비며 일어난 시간은 오전 8시! 경환이는 아침마다 제일 먼저 하는 일이 있어. 바로 응가 누기야! 그런데, 볼일을 보고 나서 변기 레버를 내릴 때마다 약 13L의 물이 사용된다는 사실을 알고 있니? 경환이는 하루에 5번 용변을 봐. 그러니까 13L×5번=65L의 물을 매일 사용하는 거야. 이렇게 365일 내내 변기를 쓰면 얼마나 많은 물을 사용하게 될까? 365일 동안 경환이가 사용한 변기 물의 양을 계산해서 적어봐!

| 시간 오전 8시 | 65(L)×365(일) | 답: |

> 레버를 내리면 한 번에 13L의 물을 사용해!

## 점심 먹고 치카치카!

12시다! 점심 시간이 끝난 뒤에는 이가 썩지 않도록 양치를 꼭 해야 해. 그런데, 양치할 때 수도꼭지를 잠그지 않으면 많은 양의 물을 낭비하게 돼. 수도꼭지에서는 1분에 12L의 물이 나오거든. 경환이가 양치를 22번 하는 동안 사용한 물의 양은 무려 792L야. 그럼 경환이가 한 번 양치할 때 사용한 물의 양은 얼마일까?

| 시간 오후 12시 | 792(L)÷22(번) | 답: |

> 수도꼭지에서는 1분에 12L의 물이 나와!

**졸졸이의 절약 꿀팁!**
양치할 때는 수도꼭지를 잠그고, 양치를 다 한 뒤에는 양치 컵을 사용해서 입을 헹구면 단 0.2L의 물만 쓸 수 있어. 내일부터는 양치 컵을 사용해보자~!

## 개운하게 목욕하기!

뽀득뽀득 목욕할 시간이야. 욕조에 물을 가득 채우면 그 양은 무려 200L나 돼! 만약 경환이네 식구 4명 모두가 30일 동안 매일 욕조에 물을 받아 씻는다면, 얼마나 많은 물을 사용하게 될까?

| 시간 | | |
|---|---|---|
| 오후 6시 | 200(L)×4(명)×30(일) | 답 : |

욕조에 물을 가득 채우면 200L야!

### 졸졸이의 절약 꿀팁!

가족이 여러 명이라면 욕조에 물을 한 번만 받아서 함께 목욕물을 사용해보는 건 어때? 만약 4인 가족이라면 200÷4=50이니, 한 사람이 50L의 물만 사용하게 되는 거지. 30일 동안 가족이 200L씩만 사용한다면 30×200=6000L니까, 4명이 각각 물을 받아 하루 800L씩 사용할 때보다 18000L의 물을 아끼는 셈이야!

## 자기 전에 물 마시기!

경환이는 가끔 자기 전에 시원한 물을 마셔. 페트병에 담긴 물을 마시고, 빈 페트병은 버리지. 그런데 페트병이 1년에 얼마나 많이 버려지는지 아니? 환경단체인 '그린피스'가 최근 발표한 보고서에 따르면 우리나라 국민 1명이 1년 동안 사용하는 생수 페트병은 109개나 돼. 대한민국의 인구수는 2023년 기준 5155만 명이니, 우리나라에서 얼마나 많은 생수병이 버려지는지 곱셈을 이용해 구해보자.

| 시간 | | |
|---|---|---|
| 오후 9시 | 109(개)×51550000(명) | 답: |

### 졸졸이의 절약 꿀팁!

큰 수를 한눈에 보는 방법을 알면, 빠르게 곱하고 나눌 수 있어. 5600000000(56억)은 0이 너무 많아 얼마나 큰 수인지 한눈에 알기가 어렵지? 이럴 땐 0의 개수에 따른 단위를 알아두면 큰 숫자도 쉽게 읽을 수 있어.

10000 → 0이 4개 → 만
100000000 → 0이 8개 → 억
1000000000000 → 0이 12개 → 조

5600000000은 0이 8개니까, 56억이라는 것을 빠르게 알 수 있어!
큰 수도 알고 곱셈과 나눗셈도 할 수 있으니,
이제 절약하기는 식은 죽 먹기야!

지름이 10cm인 페트병 56억 개를 나란히 세우면 지구를 14바퀴나 돌 수 있어!

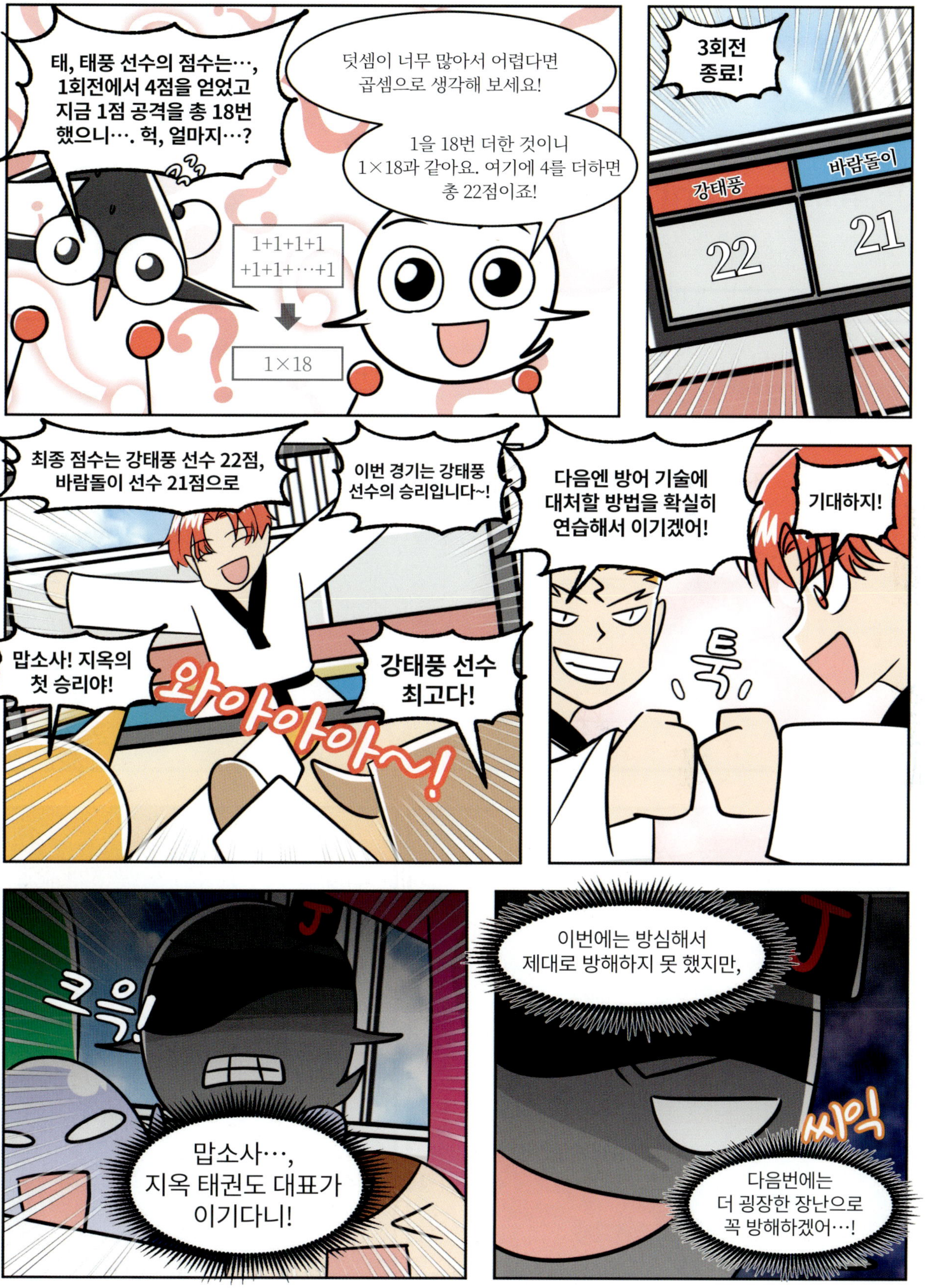

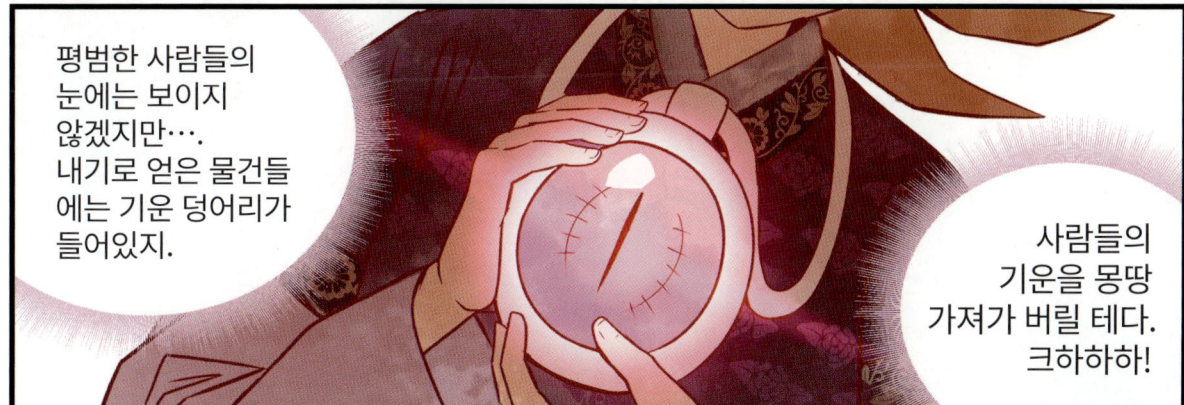

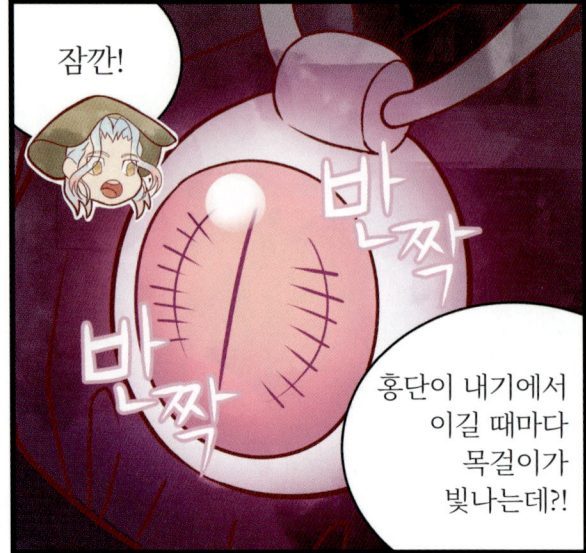

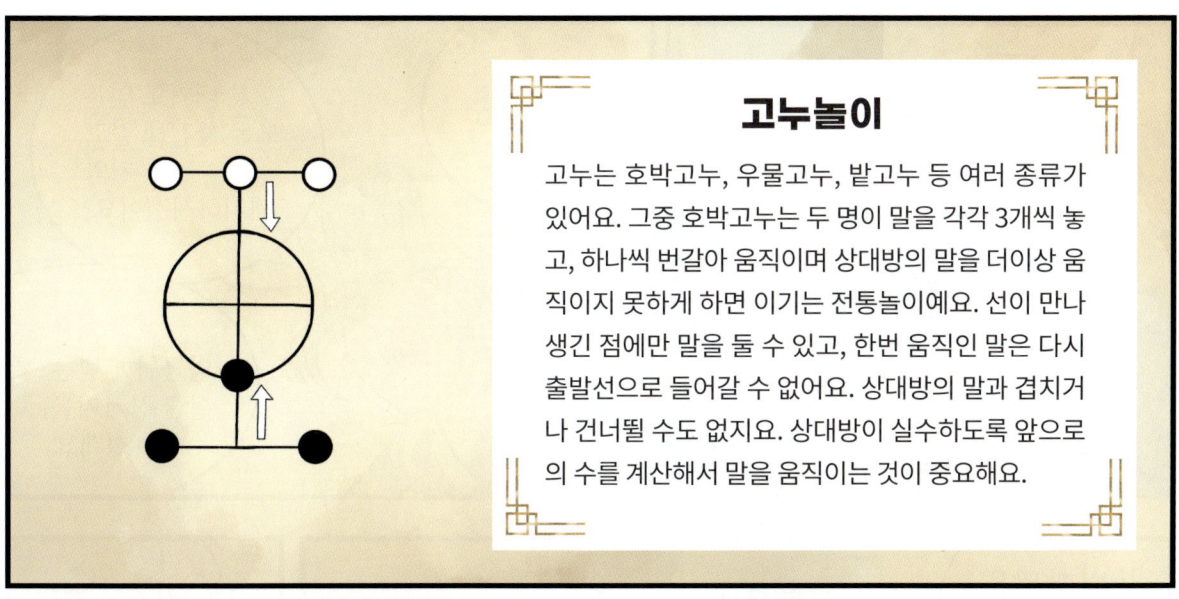

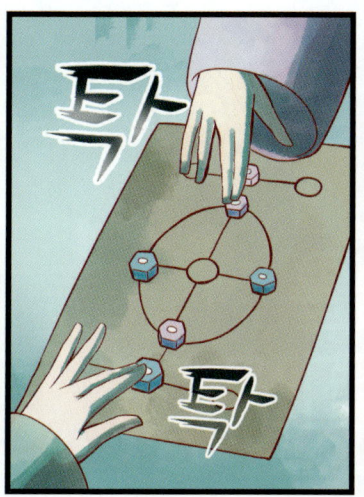

그림마다 한 개씩 숨어있는 숫자도 찾아봐!

$$(5\ ?\ 5)\ ?\ 5 = 5$$

## 연산 기호를 채워라!

"너무 걱정하진 마. 고대로부터 전해져 내려오는 '순간 이동 마법'을 이용하면 되니까."

"순간 이동 마법?"

"마법진 위에 서서 가고 싶은 장소를 떠올리고, 나타나는 계산식에 들어갈 연산 기호를 그리는 거야. 정확히 그려야 해. 안 그러면 엉뚱한 곳으로 날아갈 수도 있으니까."

마법진 위에 나타난 식에서 ?에 들어갈 알맞은 연산 기호는 각각 무엇일까? ×, ÷, +, - 중에 있다. (답은 4가지)

## 미로로 변한 유니콘 마을

"파앗-!"

마법진이 빛나는 순간, 너무 눈부셔서 눈을 감았어. 몸이 붕 떴다가 다시 바닥이 만져지는 느낌에 살며시 눈을 떠봤는데…. 여긴…, 유니콘 마을인 것 같은데 뭔가 달라! 완전히 미로처럼 변해버렸잖아?

**퍼즐** 미로의 중앙에 있는 '유니콘의 성'에 도착하라. 단, 미로 곳곳에 있는 앙굴루스 왕의 군사들은 피하고, 친구들이 있는 곳은 모두 지나야 한다.

우린 무사히 미로를 통과해서 유니콘의 성에 도착했어. 역시 앙굴루스 왕의 깃발이 꽂혀있군. 성 안에서 분명 뭔가 도움이 될 만한 걸 찾을 수 있지 않을까? 서둘러 성으로 들어가려는데, 분더의 표정이 좋지 않았어.

"무슨 일 있어?"

걱정스런 마음에 묻자, 분더가 울먹이며 대답했어.

"미로의 벽 말이야. 도형으로 변한 우리 마을 유니콘들이었어."

우린 모두 깜짝 놀랐어. 사실, 미로를 통과하는 데 집중하느라 벽의 모습까진 제대로 보지 못했거든. 분더는 금방이라도 엉엉 울음을 터뜨릴 것 같았어.

"나만 빼고 모두 도형으로 변해버린 거야…, 나만 빼고."

"분더…, 하지만 그건 네 잘못이 아니잖아."

난 분더를 꼭 안아주기 위해 분더에게로 가까이 다가갔어. 그때였어.

'슈웅-!'

뭔가가 엄청나게 빠른 속도로 날아와 성벽에 꽂혔어. 어디선가 무시무시한 목소리가 들렸지.

"흐흐, 유니콘이 아직 남아 있었군."

앙굴루스 왕의 군사들이었어. 우릴 쫓아온 거야! 그들이 천천히 다가와 우리를 에워쌌어.

절체절명의 위기! 어떻게 하지? 13호에서 계속

# 바코드는 어떻게 만드는 건가요?

'삑'. 마트에서 물건을 사고, 물건에 그려진 '바코드'를 기계에 찍으니까 물건의 이름과 가격이 곧바로 창에 나타나는 게 정말 신기해 보였어요. 바코드는 검은색 막대기와 그 아래에 작게 적힌 숫자 여러 개만으로 이뤄져 있는데, 어떻게 물건의 정보를 담을 수 있나요?

글 장경아 객원기자 **진행** 최송이 기자(song1114@donga.com) **디자인** 오진희 **일러스트** 김태형 **사진** GIB
#슈퍼M #생활수학 #바코드 #곱셈 #이진법

## 바코드 속 긴 막대의 비밀!

바코드(Bar code)는 '막대기로 된 부호'라는 의미예요. 물건마다 바코드에 있는 막대기의 굵기와 배열이 다르지요.

　바코드는 1949년 미국의 조 우드랜드라는 발명가가 처음 만들었어요. 짧은 선과 점으로 문자를 만들어 신호를 보내는 '모스 부호'에서 아이디어를 얻었지요. 하지만 당시에는 바코드를 빠르게 읽는 기술이 발달하지 않아서 바로 사용하지는 못했어요. 이후 약 20년이 흘러서야 오늘날처럼 바코드를 사용할 수 있게 되었지요.

　바코드를 읽을 때는 바코드 판독기를 활용해요. 바코드 판독기는 바코드를 향해 레이저 광선을 쏴요. 바코드의 흰색 부분은 빛을 대부분 반사하고, 검은색 부분은 빛을 적게 반사하는데, 판독기는 빛이 어느 정도 흡수되고 반사되는지를 파악해 바코드의 흰색과 검은색 부분을 구분하지요.

　이때, '이진법'을 활용해요. 이진법이란 0과 1의 두 숫자만으로 수를 나타내는 방법을 말해요. 바코드의 흰색 부분은 0을, 바코드의 검은색 부분은 1을 의미해요. 바코드 판독기는 흰색 부분과 검은색 부분을 구분한 후 굵기에 따라 0과 1의 숫자로 바꿔 나타내지요. 예를 들어 두께가 0.2mm인 흰색 바코드를 0이라고 한다면 두께가 0.4mm인 흰색 바코드는 0.2mm인 흰색 바코드가 2개 있는 것과 같으므로 00으로 나타내는 거예요.

# 바코드 13개의 숫자, 어떻게 만들어질까?

바코드를 자세히 살펴보세요. 검은색 긴 막대기 바로 아래에는 여러 개의 숫자도 적혀 있어요. 이 숫자들은 무엇을 나타내는 걸까요? 슈퍼M이 알려줄게요.

우리나라에서 사용하는 바코드에는 13자리의 숫자로 이뤄진 '표준형 바코드'와 8자리의 숫자로 이뤄진 '단축형 바코드'가 있어요. 표준형 바코드는 일반적인 크기의 상품에 사용하고, 단축형 바코드는 크기가 작은 상품에 주로 사용하지요.

우리나라에서 가장 많이 사용하는 표준형 바코드의 경우, 긴 막대기 아래에 있는 숫자들은 크게 네 부분으로 구분할 수 있어요. 맨 앞의 세 자리는 물건을 만든 나라를 나타내는 코드, 그다음 여섯 자리는 물건을 만든 업체의 정보를 나타내는 번호, 다음 세 자리는 그 물건에 대한 정보, 마지막 한 자리 숫자는 바코드의 오류★를 검증하는 체크 숫자로 이뤄져 있어요.

> **용어 설명**
> 오류★ 컴퓨터나 소프트웨어가 잘못 동작하여 바라던 것과 다른 결과가 나오는 것을 말해요.

| 국가코드 | 업체코드 | 상품코드 | 체크 숫자 |
|---|---|---|---|
| 880 | 103708 | 816 | 8 |
| 대한민국 | 동✹식품 | 오✹오 | 오류 검증 |

QR코드를 찍고 '국내 바코드 검색' 창에 바코드 숫자를 입력하면 물건을 만든 업체의 정보를 알 수 있어요. '체크 숫자'는 빼고 입력하세요!

마지막 자리의 체크 숫자는 바코드 판독기가 바코드를 읽을 때 제대로 읽었는지 확인하기 위한 숫자예요. 앞에 있는 12개의 숫자를 이용해 계산한 값으로, 다음과 같은 방법으로 계산해요.

## 체크 숫자 계산법

 예시

체크 숫자는 '8'이 맞군요!

| 1단계 | 맨 마지막 체크 번호를 제외하고, 앞의 12개의 숫자 중에서 홀수 자리에 있는 숫자를 모두 더해요.<br>8+0+0+7+8+1=24 |
|---|---|
| 2단계 | 짝수 자리에 있는 숫자를 모두 더한 값에 3을 곱해요.<br>(8+1+3+0+8+6)×3=78 |
| 3단계 | 1단계와 2단계에서 구한 두 수를 더한 값에 체크 번호를 더했을 때 10의 배수가 되어야 해요.<br>24+78+8=110 (10의 배수이므로 정상!) |

### 슈퍼 M 꿀팁! '책'은 바코드 숫자가 다르다!

책에도 바코드가 있어요. 책은 다른 물건과 달리 '국제표준도서번호(ISBN)'에 따라 바코드의 숫자가 적히지요. ISBN은 13자리로 이뤄져 있는데, 처음 세 자리는 국제상품코드관리협회가 정한 숫자로, 책은 978이나 979를 사용해요. 다음 두 자리는 국가코드로, 우리나라는 앞의 세 자리가 978인 경우에는 89, 979인 경우에는 11을 사용하지요. 다음 일곱 자리는 출판사의 고유 번호와 출판사에서 출판한 몇 번째 책인지를 나타내는 번호, 마지막 한 자리는 체크 번호이지요.

잡지처럼 정기적으로 나오는 책에는 '국제표준간행물번호(ISSN)'가 부여돼요. 8개의 숫자로 이뤄진 ISSN에서 마지막 한 자리 체크 번호를 뺀 7자리 숫자가 바코드에 포함되어 있지요. Ⓜ

※ 생활 속 해결하고 싶은 수학 궁금증이 있다면 슈퍼M에게 메일을 보내주세요. asksuperm@gmail.com로 신청자의 이름, 연락처와 함께 사연을 보내면 됩니다. 사연이 채택된 신청자에게는 소정의 선물을 드려요!

이마에…,

뇌파 연결 장치를 붙이면…!

우와앗! 주변이 변하고 있어!
너희들의 정신이 게임 속으로 들어가는 중이야!

## 아바타가 뚝딱!

앞으로는 360°로 사진만 찍으면 자신을 꼭 닮은 3D 아바타를 스마트폰에서도 손쉽게 만들 수 있을 것으로 보여요. 여러 장의 사진만으로 3D 이미지를 만들어 내는 인공지능 칩이 최근 개발됐기 때문이에요. 인공지능을 활용하면 사진 속 방향과 거리를 가늠해 현실의 물체나 사람을 빠르게 3D로 만들 수 있어요. 현실과 똑같은 모습을 가상 세계로 손쉽게 옮길 수 있을 것으로 기대되지요.

어라, 여기는….

저기 누가 열심히 춤을 추는데?

잠깐! 이 노래, 어딘가 익숙한데….
아, 맞다! '테트리스★' 게임 노래야!

헉! 우리 몸이 언제 이렇게 변했대?

**테트리스★** 각기 다른 모양의 블록이 위에서 아래로 떨어질 때, 벌어진 틈에 맞는 블록을 끼우는 컴퓨터 게임이에요. 1985년에 개발됐지요.

**팩맨★** 입을 살짝 벌린 모양의 주인공 '팩맨'을 조종해 팩맨의 적인 유령들의 방해를 피하며 미로에 떨어져 있는 쿠키를 주워 먹는 게임이에요. 1980년에 개발됐어요.

## 단지의 소떡소떡 만들기

< 재료 >
떡, 소시지 각 8개씩

*매콤소스*
고추장(1T)
간장(0.5T)
케첩(2T)
설탕(2T)
물(1T)

*달콤소스*
흑설탕, 물
(1:1 비율)
계피가루 약간

1T = 한 숟가락

불을 사용할 때는 주의해야 해!

떡을 끓는 물에 데쳐서 말랑말랑하게 만들고

부글

소시지도 끓는 물에 데쳐서 짠 맛을 줄이는 거야.

부글

다음으로 꼬치에 떡과 소시지를 번갈아서 꽂아주고

소떡소떡소떡

벌써 맛있어 보여~

달궈진 프라이팬에 식용유를 넉넉하게 두른 후

앞뒤로 노릇노릇하게 구우면 준비 끝!

치이익

이어서 구단지표 소떡소떡 소스!

먼저 보통의 소떡소떡처럼 고추장, 케첩, 간장, 설탕을 넣어 매콤소스를 만들고,

흑설탕, 계피가루를 넣은 달콤소스를 추가로 만들어 줘.

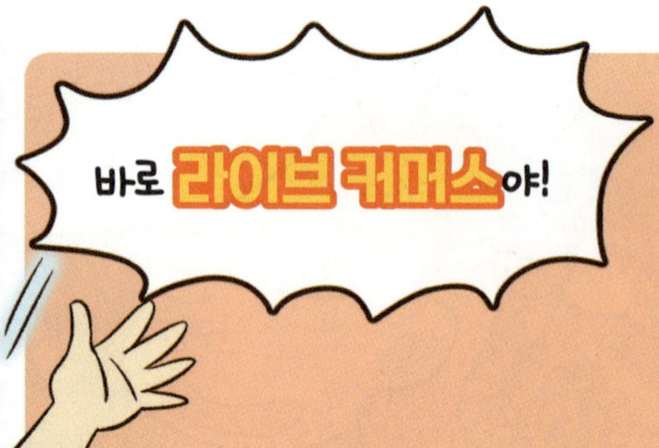

바로 **라이브 커머스**야!

가게에 직접 방문하지 않고도 판매자와 실시간으로 대화하며 물건을 구매할 수 있는 방법이 있어요. 바로 '라이브 커머스'예요. 라이브는 '라이브 스트리밍'의 줄임말로, 실시간으로 진행되는 생방송을 뜻해요. 커머스는 물건을 판매하는 걸 의미하지요.

스마트폰만 있으면 언제 어디서나 판매자에게 물건에 대해 물어보고 살 수 있다는 장점 때문에 라이브 커머스를 이용하는 사람이 점점 늘고 있어요. 우리나라 라이브 커머스 시장은 2020년 약 4000억 원 정도였는데, 2023년에는 약 10조 원 정도로 커질 거라고 예상해요. 25배 증가하는 거예요.

**다시 시작된 도토리 VS 폭스! 이 대결의 승자는?**

## 알쏭달쏭 시(詩)
# 거꾸로 읽어야 아름답다!?

약 1000년 전 인도에는 '바스카라'라는 수학자가 있었어요. 바스카라는 자신이 쓴 책 <싯단타 슈로마니>에 시 한 편을 실었지요. 어떤 시인지 감상해 볼까요?

글 조현영 기자(4everyoung@donga.com) 디자인 김은지 일러스트 GIB
#덧셈 #뺄셈 #곱셈 #나눗셈 #인도 #역연산

한 무리의 벌떼가 꽃밭에 휴식을 취하러 왔어요.
벌떼 중 세 마리의 벌은 카담바의 꽃으로 날아가 앉았고,
다섯 마리의 벌은 실린다의 꽃으로 날아가 앉았어요.
카담바 꽃으로 날아간 벌과 실린다 꽃으로 날아간 벌의 수의 차에
3배 곱한 만큼의 벌은 쿠루타자의 꽃으로 날아갔지요.
그러자 단 한 마리의 벌만 공중에 남았고,
활짝 핀 자스민 꽃의 향기에 취했답니다.
아름다운 그대, 이 벌떼엔 모두 몇 마리의 벌이 있었는지 알겠나요?

※쉽게 이해할 수 있도록 일부 내용은 고쳐 썼어요.

흠흠, 벌이 모두 몇 마리인지 궁금하다면 거꾸로 계산해 봐~!

바스카라

## 계산을 뒤집자~! 거꾸로 계산법

바스카라가 살던 1100년대 인도에서는 식을 거꾸로 계산하는 '역연산'이 만들어졌어요. 역연산은 어떤 계산의 결과를, 계산하기 전의 수로 되돌아가게 하는 걸 말해요. 덧셈과 뺄셈, 곱셈과 나눗셈은 서로 역연산을 할 수 있는 관계예요. 예를 들어, 어떤 수를 5로 나누어서 4가 됐다면, 거꾸로 4에 5를 곱해서 이 수가 무엇인지 알 수 있어요.

나눗셈 $? \div 5 = 4$
곱셈 $4 \times 5 = 20$ → ?는 20이구나!

마찬가지로, 바스카라의 시에 나온 벌이 모두 몇 마리인지도 거꾸로 생각하면 더 쉽게 알 수 있답니다. 마지막에 남은 벌 1마리에 꽃으로 날아간 벌들의 수를 더하면 맨 처음 꽃밭에 온 벌떼의 수를 구할 수 있지요.

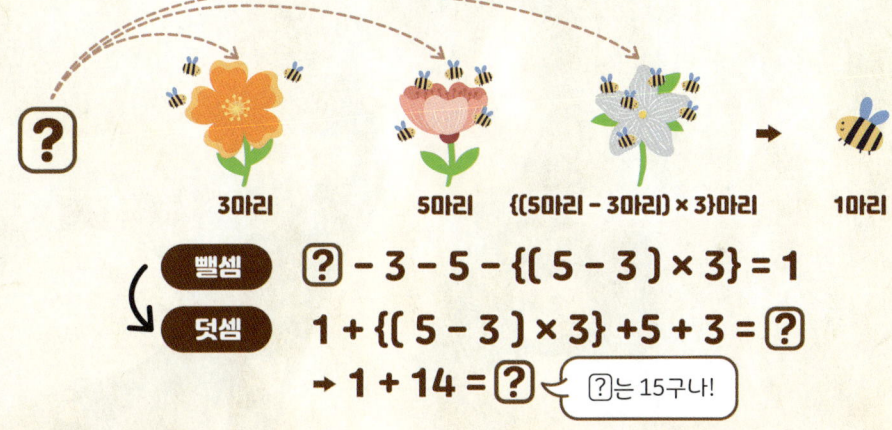

뺄셈 $? - 3 - 5 - \{(5-3) \times 3\} = 1$
덧셈 $1 + \{(5-3) \times 3\} + 5 + 3 = ?$
→ $1 + 14 = ?$ → ?는 15구나!

### - 깜짝 미션 -
#### 어수동 시인 '어스카라'의 시를 풀어라!

아래의 시를 읽고 요정의 수를 구해보세요.
팝콘플래닛의 어수동 놀이터에 내가 한 거꾸로 계산을 자랑하면 추첨을 통해 선물을 드려요.

귀여운 수학 요정들이 꽃밭에 나들이 갔어요.
요정들은 절반으로 나뉘어 분홍 꽃밭과 푸른 꽃밭에 가기로 했어요.
푸른 꽃밭에 간 요정들은 세 무리로 똑같이 나뉘어 눕고, 노래하고, 춤을 췄어요.
푸른 꽃밭에 가서 춤을 추던 요정 중 네 명이 춤을 멈추자,
단 한 명의 요정만이 남아 계속 춤을 추었지요.
자, 꽃밭으로 나들이를 온 수학 요정은 모두 몇 명이었는지 알겠나요?

## 오늘은 내가 투자 천재

### 내 돈을 곱해줘!

곱셈을 왜 알아야 하는지 잘 모르겠다고요? 똥손 기자, 아니, 금손 전문가의 투자 회사에 잘 찾아오셨습니다. 지금부터 돈을 곱하고 곱해 부~자가 되는 방법을 알려드릴게요!

글 박건희 기자(wissen@donga.com) 디자인 김은지 사진 GIB, 어린이수학동아
#수학체험실 #곱셈 #세_자리_수 #투자

오늘은 ~~똥손~~ 금손 투자 전문가, 박건희 기자

흐음…, 투자할까, 말까?

시~원하게 가보자고~!

판단 빠른 투자자, 조현영 기자

신중한 투자자, 김은지 디자이너

## 돈을 투자한다고?

용돈을 매주 1000원씩 받는다고 생각해 보세요. 이 용돈을 4주 동안 하나도 사용하지 않고 저금하면 4000원, 10주 동안 모으면 10000원이에요. 일주일에 받는 용돈은 정해져 있으니, 돈이 짧은 기간에 갑자기 10000원으로 늘어나진 않지요. 이렇게 돈을 아껴 저금통이나 통장에 모아두는 방법을 '저축'이라고 해요. 그런데 용돈을 다르게 활용해서 10000원을 버는 방법도 있어요. 바로 '투자'예요.

투자는 이익을 얻기 위해 어떤 일이나 사업에 내가 가진 돈을 쏟는 거예요. 돈을 투자한 사람을 '투자자'라고 부르지요. 회사는 투자자에게 받은 돈으로 직원을 뽑고 공장에서 상품을 만들어요. 이렇게 상품을 팔아 돈을 벌면 회사는 번 돈의 일부를 투자자에게 돌려줘요. 회사가 돈을 많이 벌면 내가 투자한 돈보다 더 많이 돌려받을 수도 있답니다. 어떤 회사가 좋은지 모르겠다면 투자 전문가에게 도움을 요청할 수도 있어요. 전문가는 여러 사람에게 돈을 받아 대신 투자해주지요.

**주식** 내가 회사에 투자했다는 증서*예요. 이 증서를 가진 사람을 '주주'라고 불러요. 회사가 돈을 벌면, 갖고 있는 주식의 양에 따라 돈을 나눠 받아요.

**펀드** 전문가가 여러 투자자에게서 돈을 받아 유망한 회사에 대신 투자하는 금융 상품*이에요. 이익을 얻으면 그 돈을 투자자들에게 나눠주지요. 투자자는 그 대가로 전문가에게 돈을 지불해요.

물론, 때에 따라선 투자를 했다가 오히려 돈을 잃을 수도 있어요. 투자한 회사의 사정이 나빠질 수도 있거든요. 그래서 투자는 아주 신중해야 하지요. 보드게임을 통해 나의 투자 실력을 시험해 보자고요!

**용어 설명**

**금융 상품*** 은행에 저축하는 예금, 적금처럼 재산을 관리할 수 있도록 은행이나 투자 회사가 만든 여러 가지 방법을 가리켜요.
**증서*** 사실을 증명하는 문서예요.

# 주사위는 던져졌다!

지금부터 투자 전문가와 투자자가 되어 여러 회사에 돈을 투자해 보세요.
먼저 50000원을 버는 사람이 승리! 내 투자의 결과는 과연~?

### 준비물

주사위 / 놀이북 23, 25쪽 도안 / 가위 / 풀 / 펜 / 계산을 적을 종이

### ➕ 게임의 규칙

❶ 투자 전문가 1명과 투자자 2명을 정해요.

❷ 투자자는 각자 말 하나와 투자금 10000원씩 나눠 가져요. (놀이북 23, 25쪽의 어수동 화폐)
전문가는 30000원에서 시작하되, 어수동 화폐를 가질 필요는 없어요.

❸ 말을 'START' 칸에 둬요. 투자자는 스스로 주사위를 굴릴지, 전문가에게 주사위를 맡길지 결정해요. 단, 전문가에게 주사위를 맡길 땐 대가로 500원을 내요.

> **잠깐** 전문가에게 주사위를 맡기면, 말이 파란색 칸과 검은색 칸에 가도 투자금을 잃지 않고 내 재산을 유지할 수 있어요. 만약 전문가에게 맡긴 주사위에 따라 말이 분홍색 칸(잭팟)에 가면 얻은 돈의 절반을 전문가에게 줘야 해요.

❹ 주사위를 굴려서 나온 칸의 수만큼 말을 이동해요. 말 2개가 같은 칸에 도착할 경우, 두 사람은 공동 투자자가 되어 같은 양의 투자금을 얻거나 잃어요.

❺ 말이 도착한 칸에서 주사위를 한 번 더 굴려요. 주사위 눈의 수와 칸 색깔에 따라 투자한 돈을 얻거나 잃어요.

❻ 계속 주사위를 굴려 칸을 이동해요. 먼저 50000원을 얻은 투자자나 전문가가 나오면 게임이 끝나요.

| 어둠의 날 | 배터리 회사<br>**워크맨**<br>투자금<br>2000원 | **JACKPOT**<br>(잭팟) | 과자 회사<br>**오레온**<br>투자금<br>850원 | 엔터테인먼트 회사<br>**스타 투모로우**<br>투자금<br>550원 |

TV 공장
**네모월드**
투자금 500원

여행&관광 회사
**바로 투어**
투자금 300원

| 노란 칸 | 주사위 숫자가 **4거나 4보다 클** 경우, 투자금을 얻는다.<br>주사위 숫자가 **4보다 작을** 경우, 투자금을 잃는다. |
| --- | --- |
| 빨간 칸 | 주사위 숫자가 **2보다 클** 경우, 투자금의 **2배**를 얻는다.<br>주사위 숫자가 **2거나 2보다 작을** 경우, 투자금을 얻는다. |
| 파란 칸 | 주사위 숫자가 **2보다 클** 경우, 투자금의 **2배**를 잃는다.<br>주사위 숫자가 **2거나 2보다 작을** 경우, 투자금을 잃는다. |
| JACKPOT<br>(잭팟) | 지금 가진 돈의 **3배**를 새로 받는다. |
| 어둠의 날 | 지금 가진 돈의 **절반**을 잃는다. |

인공지능 개발 회사
**똑D**
투자금 1000원

라면 회사
**펄펄**
투자금 600원

콩고기 공장
**어나돈**
투자금 650원

온라인 쇼핑몰
**라이언닷컴**
투자금 400원

**출발**

중고 거래 어플리케이션 회사
**천사마켓**
투자금 300원

스마트폰 회사
**오성 전자**
투자금 750원

친환경 발전소
**클린붐**
투자금 800원

제약 회사
**다나아**
투자금 1300원

# 옥톡과 달냥의 우주 탐험대

글 조현영 기자(4everyoung@donga.com)
콘텐츠 김준수(과학동아 천문대)
디자인 오진희 일러스트 김태형, GIB 사진 NASA
#천왕성 #보이저_2호 #황금_음반

태양　수성　금성　지구　달

안녕? 우린 우주인이 되기 위해 특수훈련을 마친 옥톡과 달냥이야. 어느 날, 우주 저 멀리에 있는 외계인으로부터 신호가 왔어. 당장 그들을 만나러 갈 거야! 우린 우주를 떠돌아다니는 여러 탐사선에서 부품을 모아 우주에서 최고로 멋진 우주선을 만들기로 했어.

보이저 2호에 든 **황금 음반** 획득!
황금 음반에는 지구에서 들을 수 있는 자연의 소리와 여러 종류의 음악, 다양한 언어의 인사말 등이 녹음돼 있어요.

## 보이저 2호

1977년에 발사되어 1986년 천왕성을 탐사한 탐사선이에요. 천왕성에서 약 **8만 2000km** 떨어진 곳까지 다가갔지요. 보이저 2호는 천왕성을 방문한 유일한 탐사선이랍니다. 보이저 2호에는 황금으로 만든 **음반**★ 이 실려 있어요. 언젠가 보이저 2호를 발견할 외계인들에게 지구의 생명체와 문화를 소개해 주기 위해 넣었지요.

**용어 설명**
음반★ 음악, 소리 등을 녹음해서 다시 들을 수 있게 만든 원형 판이에요.

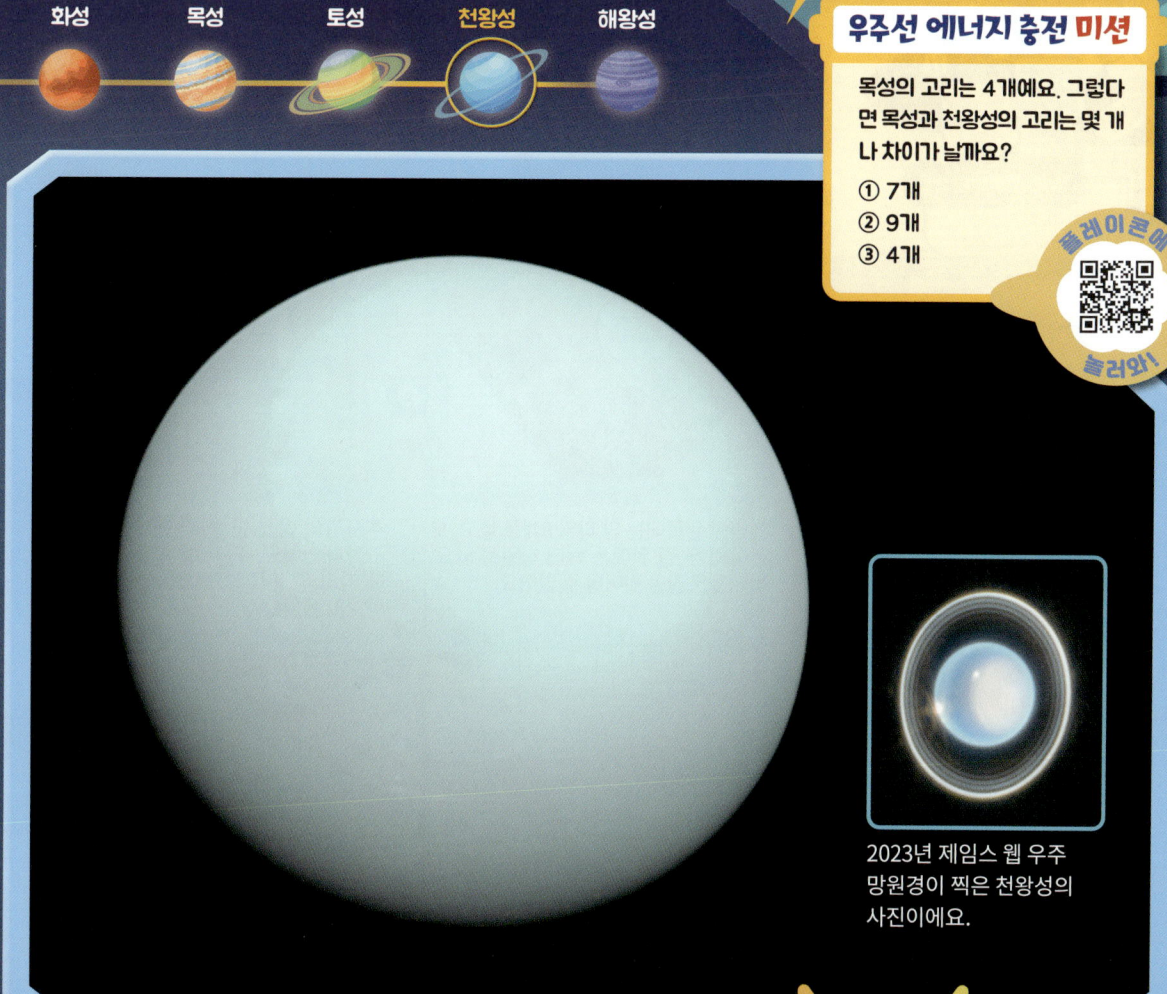

**우주선 에너지 충전 미션**

목성의 고리는 4개예요. 그렇다면 목성과 천왕성의 고리는 몇 개나 차이가 날까요?
① 7개
② 9개
③ 4개

2023년 제임스 웹 우주 망원경이 찍은 천왕성의 사진이에요.

# 천왕성

태양계의 **일곱 번째** 행성이에요.

천왕성이 하늘색인 이유는 공기에 메탄 가스가 많기 때문이에요. 메탄 가스는 붉은 빛을 흡수하고 푸른 빛을 튕겨내는 성질이 있지요. 천왕성에도 토성처럼 고리가 있지만, 아주 얇기 때문에 보이저 2호가 찍은 사진에서는 보이지 않아요. 2023년 제임스 웹 우주 망원경이 찍은 사진에는 천왕성의 고리 13개 중 11개가 선명하게 찍혔답니다.

## 수플리 수학 플레이리스트

담당 최은솔 기자
(eunsolcc@donga.com)

🎲 보드게임

### 1

양 타일 9개, 늑대 타일 2개, 주사위 1개가 있어요. 양 타일이 늑대 타일과 못 만나게 조심하며 우리에 넣는 게임이에요.

### 2

"여기는 비워 놔요."

게임판 왼쪽에는 양 타일 9개를 놓고, 오른쪽의 두 길 위에는 늑대 타일을 놔요. 늑대들은 길을 벗어날 수 없어요.

### 3

"큰 늑대 타일을 두 칸 이동!"

주사위의 여섯 면 중 두 면에는 늑대가 그려져 있어요. 주사위를 던져 나온 그림에 따라 두 종류의 늑대 타일을 시계 방향으로 옮겨요.

**양떼들이 폴짝폴짝**

아스모디코리아
asmodeekorea.com
28,000원
이용 연령 | 5세 이상
참여 인원 | 1~4명

### 6

우리 안의 양과 늑대가 잡은 양의 수를 비교해요. 우리 안의 양이 더 많으면 게임에서 이겨요!

### 5

"우리에 도착했어!"

양 타일이 도착한 곳에 늑대 타일이 있으면 잡히기 때문에 늑대를 피해서 무사히 우리로 들어가야 해요.

### 4

주사위의 네 면에는 양이 있어요. 주사위 면과 같은 색의 양 타일을 움직여요. 이웃한 빈칸으로 한 칸 가거나, 이웃한 양 타일을 계속 뛰어넘어 빈칸으로 가요.

### ➕ 놀면서 배우자!

- 양 타일이 이동할 방향과 거리를 계산해요. 무조건 많은 칸을 움직이려 하다가 늑대에게 잡힐 수도 있어요! 늑대를 피하기 위해 양 타일을 한 칸만 움직일지, 다른 양 타일을 뛰어넘어 여러 칸을 더 움직일지 고민하고 움직여요.
- 주사위의 어떤 면이 나올지 가늠해 봐요. 주사위에서 늑대가 나올 가능성은 $\frac{1}{3}$, 양이 나올 가능성은 $\frac{2}{3}$예요. 이 점을 기억하면서 늑대의 길이 아닌 다른 칸으로 움직이거나, 우리와 가까운 칸으로 이동해요!

 **영상**

## 빈틈없이 채우는 신기한 그림

똑같은 모양의 그림을 반복해서 붙이다 보면 한 면을 빈틈없이 채울 수 있다?! 바로 쪽매맞춤(테셀레이션)이에요. 정사각형 종이의 위와 아래 중 한 변, 왼쪽과 오른쪽 중 한 변에 원하는 모양의 그림을 각 변과 붙도록 그려요. 그리고 선을 따라 오린 뒤, 마주 보는 변의 바깥쪽에 붙여요. 이걸 반복하면 서로 다른 그림 조각이 퍼즐처럼 서로 꼭 맞물려요. 여러분도 나만의 예쁜 그림 조각을 만들어서 이어붙여 보세요!

**책**

## 이상한 나라의 도형 공주

서지원 글 | 이수영 그림 | 나무생각 | 12,000원

뾰족뾰족 삼각형, 네모반듯 사각형, 동글동글 원과 함께 도형 나라 여행을 떠나는 마리 공주! 무서운 마녀의 저주에 걸린 공주는 도형 나라에서 삼각 대왕과 사각 공주, 원 산신령을 만나요. 과연 마리 공주는 마녀가 낸 도형 수수께끼를 무사히 풀 수 있을까요? 책을 읽으며 꼭짓점과 변의 차이를 알고, 도형들의 특징을 배워 봐요!

 **책**

## 과학 영재로 키우는 처음 물리학 로켓 공학

알리사 트카체바 글 | 니나 푸시코바 그림 | 그린북 | 15,000원

깜깜한 밤하늘을 보면서 우주에 가보고 싶었던 적이 있나요? 창틀 위에 놓인 동그란 빵 동글이도 우주에 가서 다른 별들을 만나는 것이 소원이에요. 동글이가 우주에 가기 위해서는 로켓을 타야 하지요. 과연 동글이는 로켓의 원리를 이해하고, 무사히 우주에 갈 수 있을까요? 책을 읽으며 로켓에 관한 정보들을 배우고, 동글이가 우주 여행에 성공하는지 따라가 보세요!

 **영상**

## 물방울은 왜 둥글까?

동글동글한 물방울, 왜 삼각형도 사각형도 아닌 원 모양일까요? 바로 표면장력 때문이에요. 표면장력은 물과 같은 액체 속 입자가 서로를 끌어당기면서 겉 부분을 팽팽하게 만드는 힘이에요. 이 힘 때문에 물방울은 둥근 원 모양으로 보이지요. 그런데 컵에 담긴 물은 동그랗지 않고 컵 안쪽의 공간만큼 꽉 차 있어요. 왜일까요? 영상에서 그 이유를 확인해 보세요!

※과몰입러: 뭔가에 깊이 빠진 사람을 재밌게 부르는 유행어.

### - 남은 돈을 어떻게 쓸까? -

글·그림 최수경  콘텐츠 최송이 기자(song1114@donga.com)

 **최수경 작가**  애니메이션과 웹툰을 그리고 있습니다. 개성 있고 사랑스러운 그림으로 사람들을 행복하게 해주고 싶어요. :)

남은 돈은 모두 간식으로…!

# 어린이 수학동아가 찾아갑니다!

<어린이수학동아>를 정기구독으로 만나보세요. 한 달에 두 번 최신 호를 가장 빠르게 받아볼 수 있습니다. 1년을 구독하면 초등 수학의 모든 영역을 담은 <어린이수학동아> 24권을 모두 받을 수 있어요. 또, 정기구독 독자에게만 드리는 혜택도 누릴 수 있어요!

★ **정기구독으로 초등 수학 완전 정복!**

| 연간 교과 연계 구성 | 1월 | 2월 | 3월 | 4월 | 5월 | 6월 |
|---|---|---|---|---|---|---|
| | 수의 자리 | 덧셈 | 곱셈 | 뺄셈 | 나눗셈 | 분수 |
| | 모으기, 가르기 | 덧셈 | 곱셈 | 뺄셈 | 나눗셈 | 분수 |
| | **7월** | **8월** | **9월** | **10월** | **11월** | **12월** |
| | 소수 | 시간과 달력 | 각도 | 사각형 | 분류하기 | 규칙 찾기 |
| | 길이, 들이, 무게 | 원 | 삼각형 | 다각형 | 그래프 | 규칙 찾기 |

※정기구독 신청일 기준으로 해당 월호가 배송되며 1년 중 24권을 모두 받을 수 있습니다.

---

**어린이수학동아 정기구독 혜택 100% 누리기!**   정기구독 신청 (02)6749-2002

### 기자단 활동
★ 전국 과학관 및 박물관 상시 무료 입장
★ 내가 쓴 기사를 현직 기자가 첨삭!
★ 기사와 체험 활동은 포트폴리오로 관리

팝콘플래닛

### 연장회차별 할인쿠폰 지급
★ 연장 구독 시 5,000원부터 최대 15,000원까지 즉시 할인 가능한 쿠폰 제공

DS 스토어

**NEW** d라이브러리

### 더욱 새로워진 d라이브러리
★ 정기구독 인증하면 무제한 PASS 제공 (자녀 인증시, 1+1 증정!)
★ 모든 매거진 기사, 학습만화, 전자책까지! 동아사이언스의 오리지널 시리즈 제공
★ 콘텐츠 이용 패턴 분석을 통한 맞춤형 교과 연계 콘텐츠 및 진로 추천

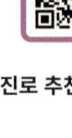
d라이브러리

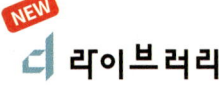

### 시민과학 프로젝트 참여 기회 제공
★ 이화여대 장이권 교수와 함께하는 **지구사랑탐사대 우선 선발**
★ AAAS 국제과학언론상 수상! **우리동네 동물원 수비대 우선 선발**
★ 줍깅! 분리배출! 플라스틱 일기까지! **플라스틱 다이어트 프로젝트 참여**

## 어수동×어과동 기자단 가입하고
# 86개 전국 과학관·박물관 취재하세요!

<어린이수학동아>를 정기구독해서 보는 친구에게는 정말 좋은 혜택이 있어요! 바로 어린이수학동아×어린이과학동아 기자단 활동! 기자는 원하는 정보를 얻기 위해 해당 분야 전문가를 만나 취재하고 기사를 쓰죠. 친구들도 <어수동> 기자처럼 전국 86개 과학관과 박물관에 무료 입장해 취재하고 기사를 쓸 수 있어요. 기사를 써서 팝콘플래닛 '기사콘'에 올리면 <어수동> 기자가 직접 첨삭해 기사를 출고합니다. 기자단에 가입하고 꼭 기자단 혜택을 누리세요!

**양윤서**

동아사이언스

위 사람은 동아사이언스에서 운영하는 어과동, 어수동 기자단임을 증명합니다.

### 기자단에 가입하면 얻는 혜택

- **혜택 1** 86개 - 전국 주요 과학관 및 박물관 무료 또는 할인 입장
- **혜택 2** 첨삭 - 현직 기자의 글쓰기 첨삭 지도
- **혜택 3** 취재 - 다양한 현장 취재 참여
- **혜택 4** 포트폴리오 - 내가 쓴 기사를 내려받을 수 있는 포트폴리오 제공

앱 설치하고 모바일 기자단증을 받으세요!

| 가나아트파크 | 국립중앙박물관 | 서울시립과학관 | 종이나라박물관 | 강화자연사박물관 |
|---|---|---|---|---|
| 국립해양생물자원관 | 서울함공원 | BMW주니어 캠퍼스 | 거창월성우주창의과학관 | 김천녹색미래과학관 |
| 섬진강어류생태관 | 이화여자대학교 자연사박물관 | 경기도어린이과학관 | 나로우주센터 우주과학관 | 책과인쇄박물관 |
| 경기북부어린이박물관 | 대전목재문화체험장 | 소리체험박물관 | 경기도박물관 | 창원과학체험관 |
| 다이나믹메이즈(서울인사동점) | 수원시립아이파크미술관 | 뮤지엄그라운드 | 동아일보 신문박물관 | 코리아나 화장박물관 |
| 한국자연사박물관 | 둘리뮤지엄 | 어메이징파크 | 콩세계과학관 | 수소안전뮤지엄 |
| 한국초콜릿연구소 뮤지엄(곡성점) | 예천천문우주센터 | 포마 자동차 디자인 미술관 | 태백고생대자연사박물관 | 구미과학관 |
| 목포어린이바다과학관 | 우석헌자연사박물관 | 양평곤충박물관 | 국립과천과학관 | 용인곤충테마파크 |
| 파주나비나라박물관 | 국립광주과학관 | 뮤지엄김치간 | 인천어린이과학관 | 한국만화박물관 |
| 박물관은살아있다(서울인사동점) | 전곡선사박물관 | 한국초콜릿연구소 뮤지엄(가평점) | 국립대구과학관 | 국립부산과학관 |
| 국립대구기상과학관 | 사비나미술관 | 은산어울림생태박물관 | 서대문자연사박물관 | 조명박물관 |
| 삼성화재모빌리티뮤지엄 | 제주항공우주박물관 | 국립중앙과학관 | 해남공룡박물관 | 아침고요수목원 |
| 전라남도해양수산과학관 | 은평역사한옥박물관 | 의왕조류생태과학관 | 그대, 나의 뮤즈(강릉점) | 스토리스튜디오X스토리라이브러리 |
| 제주 로봇플래닛 | 땅끝해양자연사박물관 | 람사르고창갯벌센터 | 런닝맨체험관(부산점) | 런닝맨체험관(강릉점) |
| 키즈마린파크 | 고양어린이박물관 | 애니메이션박물관 | 부산칠드런스뮤지엄 | 목인박물관 목석원 |
| 한택식물원 | 키자니아(서울) | 키자니아(부산) | 한국조리박물관 | 목포자연사박물관 |
| 보성비봉공룡공원 | 세계다문화박물관 | 아산퍼스트빌리지 공룡월드 | 온양민속박물관 | 현대 모터스튜디오 고양 |
| 코리아나미술관 | | | | |

※상설전시관 기준, 모바일 기자단증 제시 필수

# 어린이 수학동아

## 편집부 ♥ 후기 ♥

😎 **최은혜 편집장**
혼자 하는 여행을 좋아하는데, 오랜만에 친구와 함께하는 여행을 떠났어요. 고등학생 시절부터 알고 지낸 친구지만 단둘이 이렇게 멀리 가본 건 처음이었어요. 정말 알찬 일박이일이었다―★

😄 **최송이 기자**
친구 덕분에 경복궁 야간 개장에 다녀왔어요. 어둠 속에서 밝게 빛나는 경회루의 모습이 유독 멋지더라고요. 그 자리에서, 아주 오랜 시간 동안 기쁜 일과 슬픈 일을 모두 겪으면서 단단해졌기 때문일까요?

🤩 **박건희 기자**
어떻게 하면 더 멋진 〈어수동〉을 만들 수 있을까 고민하며 '볼로냐 일러스트 원화전'에 다녀온 어수동 편집부! 〈어수동〉은 앞으로 더 재미있을 거예요. 많이 기대해주세요!

🤡 **조현영 기자**
구슬 꿰기에 푹 빠졌습니다. 팔찌 하나를 만드는 데 필요한 구슬 개수가 생각보다 많더군요. 이 팔찌들에는 과연 몇 개의 구슬이 쓰였을까요? 연두색 구슬 15개씩 한 번, 진주 구슬 1개를 한 번, 다시 연두색 구슬 15개씩 두 번…. (15×6)+(1×7)로 계산하면 쉽게 알 수 있죠!

☺️ **최은솔 기자**
도라에몽 전시회에서 커다란 도라에몽을 만났어요. 암기할 부분을 빵에 적어서 먹으면 외워진다는 암기빵 발견! 우리 독자들은 〈어수동〉으로 곱셈을 재밌게 배우면 되니, 암기빵은 필요 없겠어요!
#그래도_먹어보고_싶어

😍 **오진희 디자인 파트장**
요즘 해가 길어져서 퇴근시간에도 밝은 하늘을 볼 수 있어서 너무 좋아요🎵 알고 보니 남산타워가 해가 못 넘어가게 잡아두고 있었네요!
#남산타워에꽂힌해님

😝 **김은지 디자이너**
커다란 곰돌이가 악몽을 꾸지 못하도록 지켜줄 것 같지 않나요? 우리집으로 데려갈 걸…. 여러분 모두 즐겁고 행복한 꿈 꾸길 바라요~^^

# 내가 바로 <어수동> 표지 작가!

독자 여러분이 멋지게 완성한 <어수동> 표지를 소개합니다. 놀이북 표지를 내 맘대로 색칠하고 '플레이콘'의 놀이터-어린이수학동아 게시판에 자랑해 주세요!

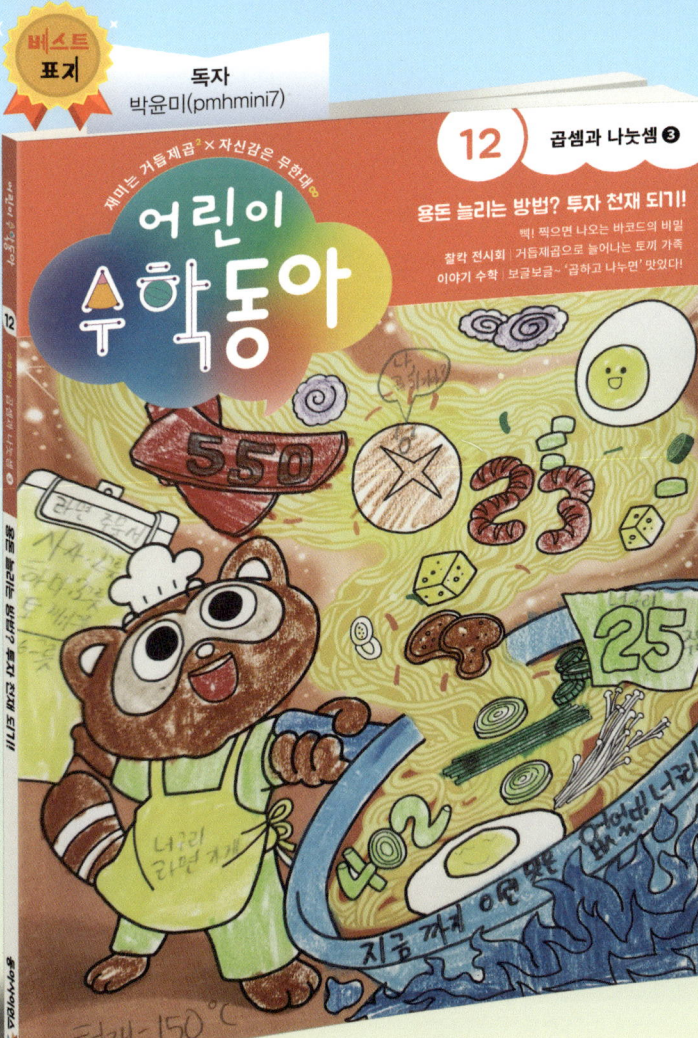

**베스트 표지**
독자 박윤미(pmhmini7)

12호 표지

지금 바로 표지 작가에 도전하세요! 베스트 표지에 뽑히면 선물을 드려요!

### 기자의 한마디

★ 표고버섯이 "나, 곱하기야?"라고 물어보고 있네요! '냄비에는 지금까지 이런 맛은 없었다!'라고 적혀있어, 라면 맛이 더욱 기대돼요.
★ 동물 손님들이 주문한 라면 개수를 더해서 주문서에 적어두었어요. 하마는 무려 세 그릇이나 주문했네요!

최기자

※ 베스트 표지로 선정된 분은 eunsolcc@donga.com으로 이름, 주소, 전화번호를 보내주세요.

# 어수동 찐팬을 만나다

## 레고와 로봇 만들기는 내게 맡겨줘!

글 최은솔 기자(eunsolcc@donga.com)

<어린이수학동아>의 진짜진짜 '찐팬'을 소개합니다! 찐팬으로 선정된 독자의 교실로 <어수동>을 보내드려요.

김진솔

로봇을 만들고 있는 김진솔 독자의 모습이에요.

**어수동** 요즘 가장 관심이 있는 건 뭐예요?

손으로 만드는 모든 것에 관심 있어요! 학교에서 모터를 사용해 로봇을 만들면서 어떻게 앞, 뒤로 잘 움직일 수 있을지 고민했고, 자전거가 어떤 원리로 움직이는지도 배웠어요. 요즘은 레고를 가장 좋아 하는데, 레고로 만든 전시장을 꾸며서 나만의 박물관을 만들었어요! 내가 만들고 싶은 건 레고로 뭐든지 만들어볼 수 있어 좋아요. <어수동>의 놀이북에도 만들기 활동이 많은데, 앞으로도 더 재미있는 활동을 할 수 있을 것 같아 기대돼요!

**어수동** <어수동>에서 가장 좋아하는 것은 뭐예요?

저는 만화 '놀러와! 도토리 슈퍼'가 제일 좋아요. 도토리 슈퍼, 폭스 마켓, 고글이 다투기도 하지만 서로 도움을 받으며 함께 커가는 모습을 보는 게 재미있어요. 캐릭터 중에서는 도토리 슈퍼의 사장 '정솜'을 제일 좋아하는데, 슈퍼를 키워가면서 도토리 슈퍼 삼총사에게 힘이 되는 모습이 멋져요.

**어수동** <어수동>을 읽고 새롭게 알게 된 것이 있나요?

2023년 4월 1일자 <어수동>의 '세모 세모 극장의 도둑을 잡아라!' 기사를 읽으며 삼각형이 몸을 나누고 합치며 멋지게 변신한다는 걸 알았어요. 변의 길이와 각의 크기가 다른 삼각형 이야기를 읽고 종이를 오려서 예각삼각형, 둔각삼각형, 직각삼각형 등을 직접 만들기도 했지요. 친구들에게 삼각형이 서로 어떻게 다른지 알려줄 수 있어서 뿌듯했어요!

김진솔

# 팝콘플래닛으로 놀러오세요!

## 팝콘플래닛은 어떤 곳인가요?
팝콘플래닛은 어린이의 상상으로 태어난 가상세계입니다.
총 4개의 콘으로 구성돼 있어요.

**나의 작품을 직접 연재하는**
웹툰/소설/그림 작가 되기!

**기사도 쓰고~ 토론도 하고~**
어과수 기자단 활동하기!

**어린이수학동아, 어린이과학동아**
콘텐츠를 한눈에 쏙!

**지구를 지켜라!**
시민과학자 되기!

**팝콘플래닛에 들어가는 방법은?**

### 웹(PC)으로 접속할 때
포털사이트에서 '팝콘플래닛'을 검색하거나 주소창에 www.popcornplanet.co.kr을 입력하세요.

### 앱(스마트폰/태블릿PC)으로 접속할 때
구글/앱 스토어에서 '팝콘플래닛'을 검색한 다음 앱을 설치하세요.

주사위를 잘 굴려서 돈을 곱해 보자고~!

# contents

책 모서리에 찍히지 않도록 주의하세요.

'플레이콘'에 놀러오세요! 놀이터-어린이수학동아 게시판에 나의 놀이북 활동을 자랑하면 추첨을 통해 선물을 드려요.

**02** 사고력 쑥쑥! 수학 놀이

**06** 이야기로 냠냠! 어수잼
오늘은 내가 보구리네 라면 가게 일일 직원!

**08** 수학 궁금증 해결! 출동, 슈퍼M
바코드는 정말 중요해!

**10** 놀러와! 도토리 오락실

**12** 말랑말랑 두뇌퍼즐

**16** 어수동네 놀이터

**18** 도전! M 체스 마스터
기물에 둘러싸인 왕을 공격하라! 질식메이트

**21** 도전! M 체스 마스터 카드

**23** 투자자 게임 화폐와 게임말 ❶

**25** 투자자 게임 화폐와 게임말 ❷

## 사고력 쑥쑥! 수학놀이

**콘텐츠** 유대현 서울유현초등학교 교사
(전 서울 중부교육지원청 영재교육원 강사)
**진행** 조현영 기자(4everyoung@donga.com)
**디자인** 오진희 **일러스트** GIB
#계산 #덧셈 #곱셈 #이집트_곱셈법
#손가락_곱셈법

# 고대 이집트의 곱셈법

※ 계산기가 없던 시절, 고대 이집트의 사람들은 아래와 같은 방법으로 두 자리 수 이상의 곱셈식을 계산했어요.

### 18의 곱셈을 계산하는 표

|  | ① | ② |
|---|---|---|
| 18 × | 1 | = 18 |
|  | 2 | = 36 |
|  | 4 | = 72 |
|  | 8 | = 144 |

1, 2, 4, 8을 더해서 더 큰 수를 만들 수 있어요.

### <18×7을 계산하는 방법>

- 2의 곱셈은 쉬우니까, 먼저 18을 2배씩 곱한 값을 표에 적어요.

- ①번 줄의 1, 2, 4를 더하면 7이에요. 세 수에 해당하는 ②번 줄의 수들을 모두 더해요.

답: 18 + 36 + 72 = 126
18의 1배  2배  4배 = 7배

같은 방법으로 표를 채우고, 큰 수의 곱셈을 해 보세요.

**13의 곱셈을 계산하는 표**

| 13× | ① | ② |
|---|---|---|
| | 1 | = 13 |
| | 2 | |
| | 4 | |
| | 8 | = 104 |

<문제>

13×5

답: 13 + ☐ = 65

**28의 곱셈을 계산하는 표**

| 28× | ① | ② |
|---|---|---|
| | 1 | = 28 |
| | 2 | |
| | 4 | = 112 |
| | 8 | |

<문제>

28×14

답: ☐ + ☐ + ☐

= ☐

먼저 ②번 줄의 빈칸을 채운 후 계산해 보세요.

# 손가락으로 곱하기

※ 손가락을 맞대어 6에서 10까지의 수를 곱한 값을 쉽게 구할 수 있어요.

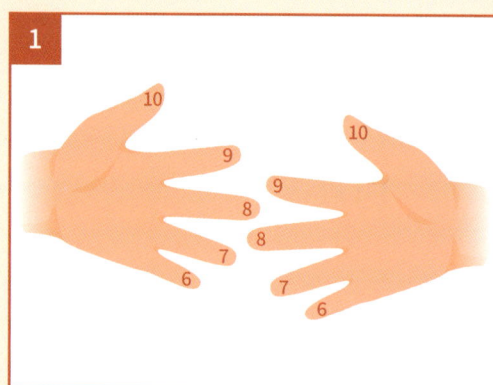

양손의 엄지부터 새끼손가락에 10부터 6까지의 수를 매겨요.

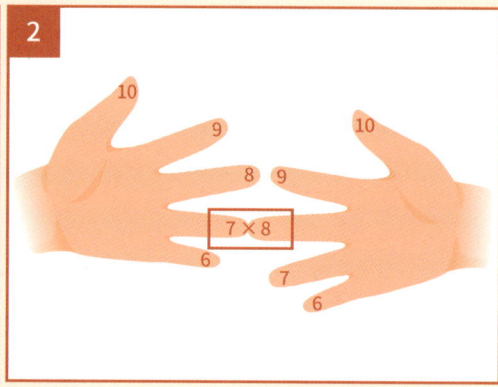

곱하는 수에 맞는 두 손가락을 맞대요.
(예시 : 7×8)

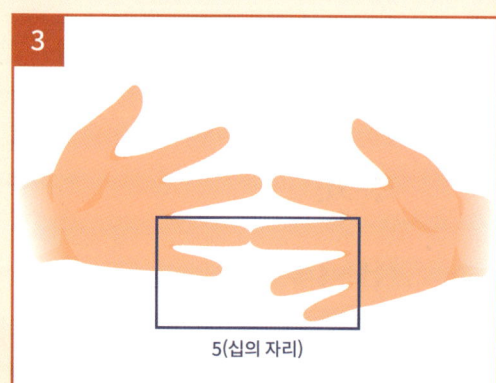

맞닿은 손가락을 포함하여 아래쪽에 있는 손가락 수를 더해요. 이 덧셈의 값은 십의 자리 수예요.(예시:손가락 2개+3개=5)

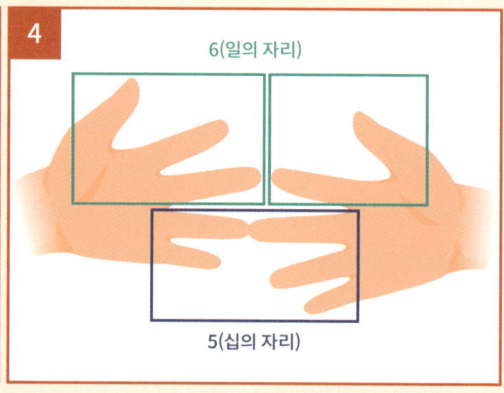

맞닿은 손가락을 빼고 위쪽에 있는 양 손가락의 수를 곱해요. 이 곱셈의 값은 일의 자리 수예요.
(예시:손가락 3개×2개=6)

답 : (2+3)×10+(3×2)=56

손가락 곱셈 방법으로 아래의 곱셈들을 계산해 보세요.

**예시**

[6×7]
(1+2)×10+(4×3)
답: 42

[7×9]
(☐+☐)×10+(3×1)
답: ☐

[6×9]
(☐+☐)×10+(4×1)
답: ☐

[8×6]
(☐+☐)×10+(☐×☐)
답: ☐

[7×7]
(☐+☐)×10+(☐×☐)
답: ☐

[9×8]
(☐+☐)×10+(☐×☐)
답: ☐

[6×6]
(☐+☐)×10+(☐×☐)
답: ☐

손가락에 숫자 스티커를 붙여서 계산하면 쉬워요!

# 보구리네 라면 가게
## 오늘은 내가 일일 직원!

'곱하고 나누면'이 맛있다는 입소문이 동물의 숲에 퍼지면서 보구리의 라면 가게는 승승장구! 오늘은 얼마나 바쁜지, 보구리가 여러분에게 도움을 부탁했어요. 보구리를 도와 재료를 정리하고 영수증을 정리해 주세요.

글 박건희 기자(wissen@donga.com) **디자인** 김은지 **일러스트** 연지
#곱셈 #나눗셈 #세_자리_수 #개수 #가격

### 주문이 들어왔다! 필요한 재료는?

이웃 마을에서 보구리의 라면을 먹기 위해 놀러 온대요. 메모를 보고, 손님의 주문에 맞게 재료를 미리 준비하려고 해요. 어떤 재료가 몇 개 필요할지, 질문에 답해 보세요.

**주문한 음식**
- ☐ '곱하고 나누면' 12그릇
- ☐ '눈물 쏙! 더 매운 곱하고 나누면' 3그릇
- ☐ '곱하고 나누면 곱빼기' 2그릇

### 1그릇당 필요한 재료

| 곱하고 나누면 | 눈물 쏙! 더 매운 곱하고 나누면 | 곱하고 나누면 곱빼기 |
|---|---|---|
| 1개 | 1개 | ☐ 개 |
| 1그릇 (비법양념) | 1그릇 | ☐ 그릇 |
| 1봉지 | 1봉지 | ☐ 봉지 |
| 5개 | 5개 | ☐ 개 |
| 11조각 | 15조각 | ☐ 조각 |
| 3조각 | 6조각 | ☐ 조각 |
| 2조각 | 2조각 | ☐ 조각 |

'곱하고 나누면 곱빼기'에는 모든 재료가 2배 들어가요. 빈칸을 채워보세요.

### 질문

① 주문량에 딱 맞추려면 피망은 모두 몇 조각 준비해야 할까요? ☐ 조각

② 냉장고 속 소시지를 '곱하고 나누면' 12그릇, '눈물 쏙! 더 매운 곱하고 나누면' 3그릇, '곱하고 나누면' 곱빼기 2그릇에 조리법에 맞게 넣으면 남는 것 없이 딱 떨어져요. 냉장고 속에 들어있는 소시지의 개수는 몇 개일까요? ☐ 개

QR코드를 찍으면 **정답**을 바로 볼 수 있어요.

## 내 영수증을 계산해 줘~!

바쁘다, 바빠! 아래 주문 내용을 보고, 각 손님이 내야할 돈이 얼마인지 계산해 보세요.

### 영수증

| 상호명 | 보구리네 라면 |
| --- | --- |
| 주소 | 동물의 숲 615번지 |
| 사장 | 보구리 |

**주문번호 0034**

| 메뉴 | 수량 | 1개당 금액 |
| --- | --- | --- |
| 곱하고 나누면 | 2 | 4,000원 |
| 공깃밥 | 2 | 500원 |

합계 금액 　　　　　원

### 영수증

| 상호명 | 보구리네 라면 |
| --- | --- |
| 주소 | 동물의 숲 615번지 |
| 사장 | 보구리 |

**주문번호 0035**

| 메뉴 | 수량 | 1개당 금액 |
| --- | --- | --- |
| 곱하고 나누면 | 5 | 4,000원 |
| 눈물 쏙 더 매운 곱하고 나누면 | 3 | 4,990원 |

합계 금액 　　　　　원

### 영수증

| 상호명 | 보구리네 라면 |
| --- | --- |
| 주소 | 동물의 숲 615번지 |
| 사장 | 보구리 |

**주문번호 0038**

| 메뉴 | 수량 | 1개당 금액 |
| --- | --- | --- |
| 곱하고 나누면 곱빼기 | 18 | 6,900원 |
| 공깃밥 | 13 | 500원 |

합계 금액 　　　　　원

와아~. 덕분에 무사히 영업을 할 수 있었어. 정말 고마워!

놀이북 활동 결과를 '플레이콘'에 올려 주세요. 추첨을 통해 선물을 드려요!

# 바코드는 정말 중요해!

물건의 정보를 나타내는 바코드 숫자의 비밀을 알게 되었나요?
주변에 있는 물건의 바코드를 직접 확인해 보세요!

글 장경아 객원기자 **진행** 최송이 기자(song1114@donga.com) **디자인** 김은지 **일러스트** 김태형
사진 GIB, 어린이수학동아
#슈퍼M #생활수학 #바코드 #곱셈 #이진법

### 체크 숫자를 맞혀 봐~!

어떤 물건의 바코드 맨 마지막 숫자가 지워져 있어요. 체크 숫자 계산 방법을 이용해 맨 마지막 □에 들어갈 숫자가 어떤 숫자인지 맞혀 보세요!

8 801128 42292

| 1단계 | 홀수 자리에 있는 숫자를 모두 더해요. |

□ + □ + □ + □ + □ + □ = □

| 2단계 | 짝수 자리에 있는 숫자를 모두 더한 값에 3을 곱해요. |

( □ + □ + □ + □ + □ + □ ) × 3 = □

| 3단계 | 1단계와 2단계에서 구한 두 수를 더해요. 그 값에 체크 번호를 더했을 때 10의 배수가 되어야 해요. |

□ + □ + 체크 숫자 □ = □ (10의 배수)

## 나만의 특별한 바코드를 만들어 봐!

바코드는 모두 직사각형 모양이라고요? 그렇지 않아요. 검은색 막대기와 흰색 빈칸 부분만 잘 구분하면 바코드를 인식할 수 있거든요. 제품의 특징을 살려서 바코드 모양을 바꿀 수 있지요. 여러분은 어떤 모양의 바코드를 만들고 싶은가요? 나만의 바코드를 그려 보세요!

환타의 바코드는 환타 병 모양을 따서 만들었어요.

**나만의 특별한 바코드**

# 무더운 여름! 얼음을 만들자

비상! 한낮 기온이 32°C에 이르자, 도토리 숲의 동물 손님들이 얼음을 찾기 시작했다. 그러다 보니 얼음이 너무 빨리 동나버렸는데⋯. 가을은 거대한 탱크에서 물을 나눠 담아 열리려고 한다. 탱크에는 물이 8L 들어있고, 작은 통에 물을 400mL씩 담아 얼릴 수 있다. 얼음을 사기 위해 줄을 선 손님 25명 중 몇 명까지 얼음을 살 수 있을까?

얼음이 탱~!

앗, 단위가 다르네! 탱크의 물은 L(리터), 컵의 단위는 mL(밀리터)야. 1L는 1000mL와 같지. 탱크의 물을 mL로 바꾸려면 어떻게 해야 할까?

컵 하나당 물이 400mL가 들어가니까, 탱크 속 물이 않은 400으로 나누면 몇 웃 컵이 나오는지 알 수 있겠다!

이 퀘스트를 해결하면
손님 친화력 +6

내 게임 결과를
'플레이존'의 놀이터·
어린이수학동아
게시판에 공유해 줘!

두뇌의 다양한 영역을 개발하고 사고력을 키우는 데 퍼즐이 매우 유용해요. 논리력과 수리력, 공간지각력, 관찰력을 키우는 퍼즐을 통해 두뇌를 자극해 보세요!

글 최은솔 기자(eunsolcc@donga.com)
이미지 shutterstock
퍼즐 한국창의퍼즐협회
#홀짝_스도쿠 #덧셈켄켄 #흑백연결 #단어_찾기

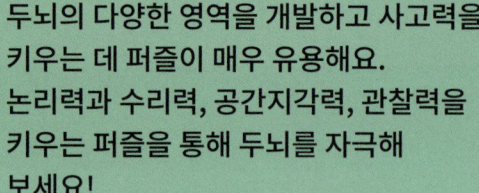

### 논리 퍼즐

## 홀짝 스도쿠

각 칸에 숫자 1부터 4 중 하나를 적어요. 가로줄과 세로줄, 굵은 선으로 구분한 방에 같은 숫자가 반복되지 않아야 해요.
동그라미에는 홀수, 네모에는 짝수만 들어갈 수 있어요.

**예시**

**예시 정답**

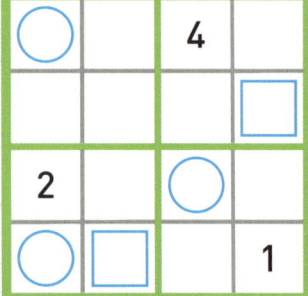

**문제**

※한국창의퍼즐협회는 세계퍼즐연맹의 한국 운영기관으로, 퍼즐을 놀이이자 교육, 여가활동으로 널리 알리고자 설립한 단체입니다.

각 칸에 숫자 1부터 4 중 하나를 채워요. 가로줄과 세로줄, 굵은 선으로 구분한 방에 같은 숫자가 반복되지 않아야 해요. 파란 점선으로 구분한 방의 숫자들을 모두 더하면 왼쪽 위에 적힌 파란색 숫자가 돼요.

### 예시

| 4 |   | 4 | 3 |
|---|---|---|---|
| 5 | 7 |   |   |
|   | 3 | 6 |   |
|   |   | 4 |   |

### 예시 정답

| 4·1 | 3 | 4 | 3·2 |
|---|---|---|---|
| 5·2 | 7·4 | 3 | 1 |
| 3 | 3·1 | 6·2 | 4 |
| 4 | 2 | 4·1 | 3 |

### 문제

| 6 | 7 |   | 4 |
|---|---|---|---|
|   | 8 | 3 |   |
|   |   |   | 6 |
| 3 |   | 4 |   |

3이 적힌 방에는 1과 2가 들어갈 수 있어!

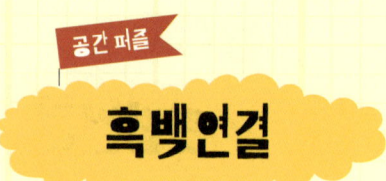

### 공간 퍼즐
## 흑백연결

빈칸에 검정색 또는 흰색 원을 그려요.
같은 색 원끼리는 가로 또는 세로로 모두 연결돼 있어야 해요.
이때 굵은 선으로 구분한 공간에 한 가지 색의 원으로만 채우면 안 돼요.

예시

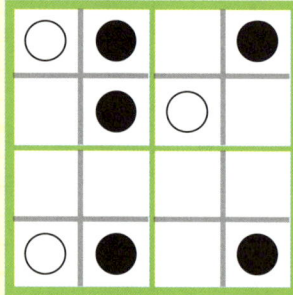

예시 정답

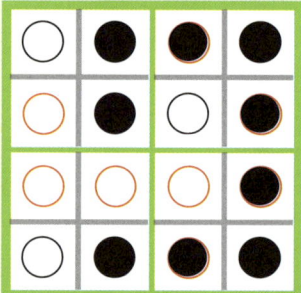

문제

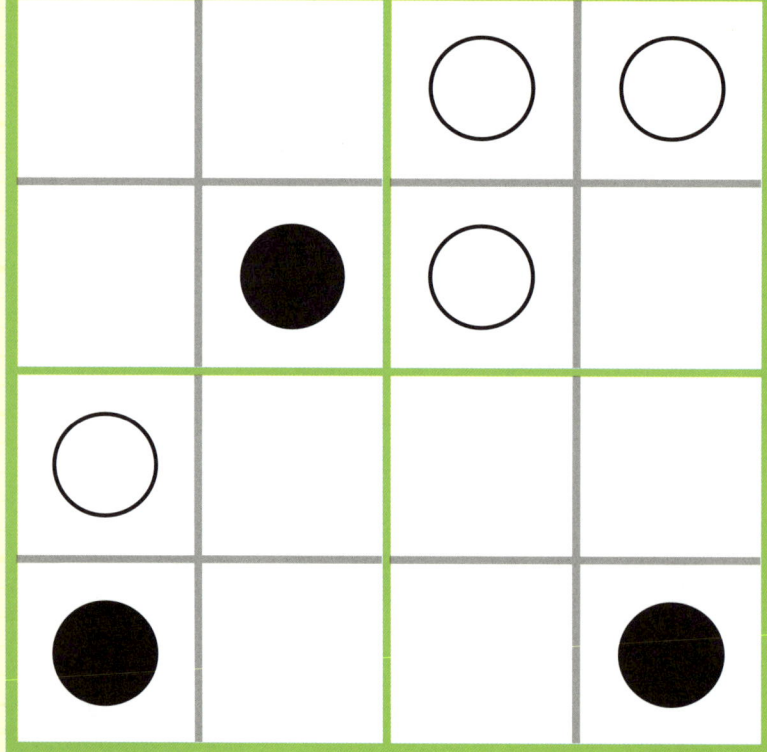

같은 색의 원들이 끊어지지 않고 연결돼야 해!

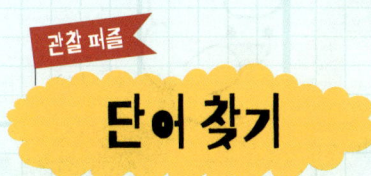

## 단어 찾기

다음 알파벳 중에서 빨간색으로 제시된 단어를 찾으세요.
알파벳은 가로, 세로, 대각선 중 한 줄로 연결돼 있어야 하고, 답은 1개예요.

예시 **MEDAL**

| M | A | M | D | D |
|---|---|---|---|---|
| D | E | L | E | M |
| E | L | M | L | E |
| M | E | D | A | L |
| A | D | A | L | E |

예시 정답

| M | A | M | D | D |
|---|---|---|---|---|
| D | E | L | E | M |
| E | L | M | L | E |
| **M** | **E** | **D** | **A** | **L** |
| A | D | A | L | E |

문제 **STOP**

| S | P | T | O | O |
|---|---|---|---|---|
| P | T | P | S | P |
| S | O | P | T | O |
| O | T | T | O | S |
| S | O | S | P | P |

알파벳을 읽는 방향은 상관없어!

# 어수동네 놀이터

담당 최은솔 기자
(eunsolcc@donga.com)

'플레이콘'에 놀러오세요!
놀이터-어린이수학동아 게시판에 나의 놀이북 활동을 자랑해요. 추첨을 통해 독자 여러분께 선물을 드립니다!
<어수동> 속 재미있는 퀴즈와 게임의 정답도 플레이콘에서 확인할 수 있어요.

오늘의 챔피언
**오서하**
(furisss)

나만의 미니 러브 다이어리 만들기!

미션 장면 뒤에 어떤 일이 벌어질지 자유롭게 그려주세요!

**그림 미션**

2회전의 주제는 '떡'을 사용한 요리입니다.

떡이 적절하게 쓰인 음식이라면 무엇이든지 오케이!

'떡'을 사용한 요리!
어떤 음식을 만들어볼까?

도대체 범인이 몇 명이야?
백지은(bjepiano)

수학 과물입러 기자들에게 사탕을 잘 전달할 수 있을까요?
정수연(dus0870)

3씩 커지는 규칙 발견~!
윤이안(sim29)

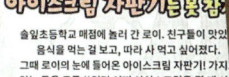

재미있는 수학 놀이 한 판!
고예서(mathtop287)

# 도전! M 체스 마스터

M 체스 세계에선 전투가 한창이에요. 체스는 암산 능력, 수치 해석 능력, 상황 판단 능력 등 전략적 사고력을 키우는 데 도움이 되지요. M 체스 세계의 전략 문제를 풀고, M 체스 마스터로 거듭나 봐요!

## 8×8 체스 경기장

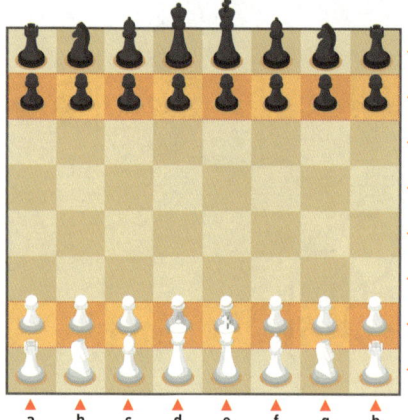

체스판의 세로줄인 '파일'은 왼쪽부터 순서대로 a, b, c, d, …h로 읽고 가로줄인 '랭크'는 맨 아랫줄부터 순서대로 1~8의 숫자를 붙여요. 기물 위치는 파일의 알파벳과 랭크의 숫자 조합으로 표시하지요. 체스가 시작될 때 흰색 퀸은 d1에, 검은색 킹은 e8에 있지요.

처음에는 앞으로 1칸 또는 2칸 이동하고, 그 이후에는 앞으로 1칸씩만 이동함. 공격할 때는 대각선 앞에 놓인 상대편 기물만 공격할 수 있음.

앞뒤나 양옆 중 한 방향으로 한 칸 움직인 다음, 그 방향의 대각선 왼쪽 또는 오른쪽으로 한 칸 더 움직임. 다른 기물을 뛰어넘을 수 있음.

대각선 방향으로 원하는 만큼 움직임.

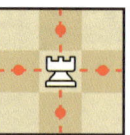
앞뒤와 양옆 직선 방향으로 원하는 만큼 움직임.

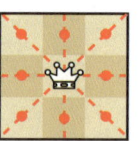
앞뒤, 양옆 직선 방향과 대각선 방향 어디로든 원하는 만큼 움직임.

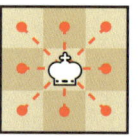
체스판에서 끝까지 지켜야 하는 왕. 앞뒤, 양옆 직선 방향과 대각선 방향으로 한 칸씩만 움직일 수 있음. 킹이 공격받는 상황에서 더이상 피할 수 없게 되면 게임이 끝남.

폰 1점

나이트 3점

비숍 3점

룩 5점

퀸 9점

킹 무한대

### 체스 기물의 가치 점수

# 기물에 둘러싸인 왕을 공격하라!
# 질식메이트

질식메이트는 기물들에 둘러싸여 움직일 곳이 없는 상대 팀의 킹을 체크메이트하는 것을 말해요. 다른 기물을 뛰어넘을 수 있는 나이트를 주로 활용하지요.

글 최송이 기자(song1114@donga.com) **콘텐츠** 박인찬 유소년 체스 국가대표 **디자인** 김은지 **일러스트** 이민형
#체스 #기물 #나이트 #질식메이트

**박인찬**
유소년 체스 국가대표

2022년 전국 유소년 체스 선수권 대회 U14 부문(만 14세 이하 남자)에서 1위를 했어요. 2023년에는 전국 유소년 체스 선수권 대회에서 전체 1위로 우리나라의 유소년 국가대표로 선정됐어요.

## 막힌 장벽을 넘어 공격하라!

검은색 킹은 구석에서 자신의 팀에게 둘러싸여 있어요. 검은색 룩과 폰은 킹을 보호하기 위해 킹의 주변을 감쌌지만, 결과적으로는 킹이 어디로도 이동할 수 없게 만들었지요. 이때, 흰색 나이트가 f7로 이동해 검은색 킹을 '체크메이트' 하면 경기가 끝나요. 이렇게 마치 질식할 것처럼 자신의 기물들에 둘러싸여 있는 킹을 체크메이트하는 것을 '질식메이트'라고 해요.

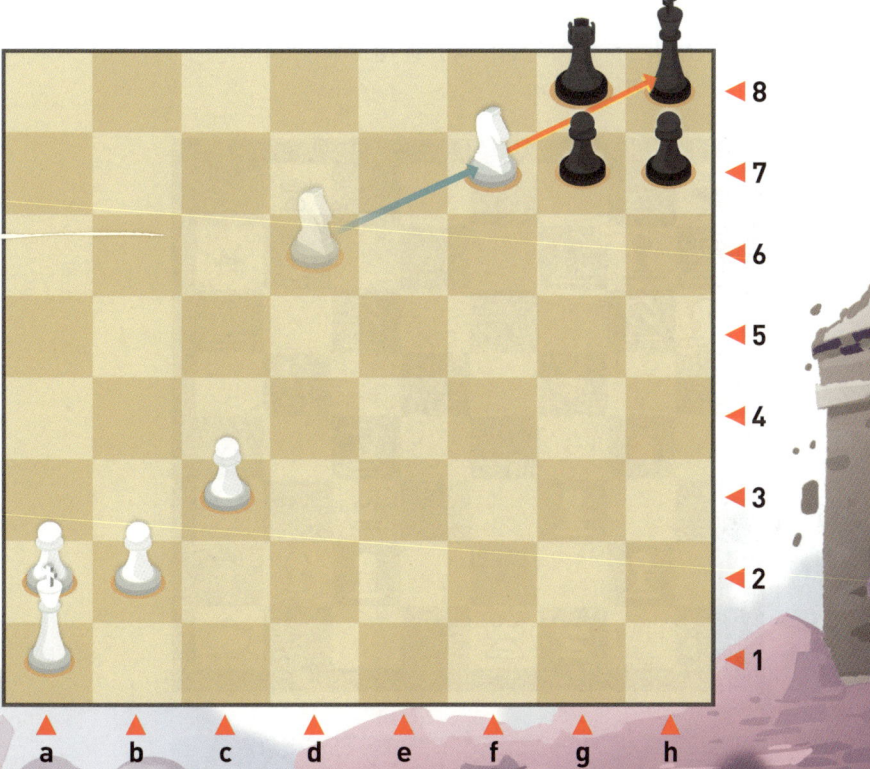

## 도전! M 체스 마스터 전략 퀴즈

 표시된 나이트를 움직여 검은색 킹을 체크메이트 하려면 어디로 움직여야 할까요?

난 누구든 뛰어넘어 공격할 수 있지!

**퀴즈 2** 표시된 나이트를 움직여 검은색 킹을 체크메이트 하려면 어디로 움직여야 할까요?

온통 둘러싸여 있어서 답답하지?

21~22쪽에서 나만의 마스터 카드를 완성해 봐!

## 질식메이트 마스터 카드

M 체스 마스터가 되려면 노력과 인내의 시간을 거쳐야 하지. 질식메이트를 배운 너희에게 M 체스 마스터 카드를 줄게. 앞으로도 체스 전략을 익히고 카드를 열심히 모으면 M 체스 마스터가 될 수 있을 거야. 오른쪽 카드에 있는 '레벨 업 퀴즈'를 풀면 M 체스 마스터에 한 발짝 더 다가갈 수 있어!

#체스 #말 #기물 #질식메이트

표시된 흰색 나이트가 검은색 킹을 체크메이트 하려면 어디로 움직여야 할까요?

표시된 검은색 나이트가 흰색 킹을 체크메이트 하려면 어디로 움직여야 할까요?

## 김사랑 국가대표가 알려주는 **체스 비법**

오른쪽 카드엔 항저우 아시안게임 체스 종목 최연소 국가대표인 김사랑 선수(양평동초 6학년)가 알려주는 체스 전략이 담겨있어. 왼쪽 카드에는 너희가 생각하는 '모두 물리치는 나이트'와 '질식시키는 나이트'의 모습을 자유롭게 그리고 특징을 적어 줘. 나만의 M 체스 마스터 카드를 완성해서 '플레이콘'의 놀이터-어린이수학동아 게시판에 올리면 추첨을 통해 선물도 준대!

### 모두 물리치는 나이트

특징:

### 모두 물리치는 나이트

**전략 1** 흰색 팀의 차례예요. 검은색 팀의 기물이 더 많이 남아서 유리해 보여요. 하지만 흰색 나이트가 c7로 이동하면 검은색 킹은 같은 편 기물에 둘러싸여 움직이지 못하고 결국 체크메이트 당하지요. 이처럼 갇혀 있는 킹을 나이트로 체크메이트 하는 것을 질식메이트 중에서도 '스모더드 메이트'라고 해요.

### 질식시키는 나이트

특징:

### 질식시키는 나이트

**전략 2** 흰색 팀의 차례예요. 검은색 킹은 같은 편 기물에 가로막히거나 흰색 비숍의 공격을 받게 돼 갈 곳이 없어요. 흰색 나이트가 d7로 이동하면 어디로도 움직이지 못하고 체크메이트 당하지요. 이렇게 나이트와 다른 기물(비숍 또는 퀸)을 함께 이용한 질식메이트를 '서포케이션 메이트'라고 해요.

# 투자 게임
# 화폐와 게임말

실선을 따라 잘라서 '똥손 수학체험실' 투자 게임에 활용해요.
✱ 25쪽에 더 많은 어수동 화폐 도안이 있어요.

QR코드를 찍으면 어수동 화폐 도안을 내려 받을 수 있어요.

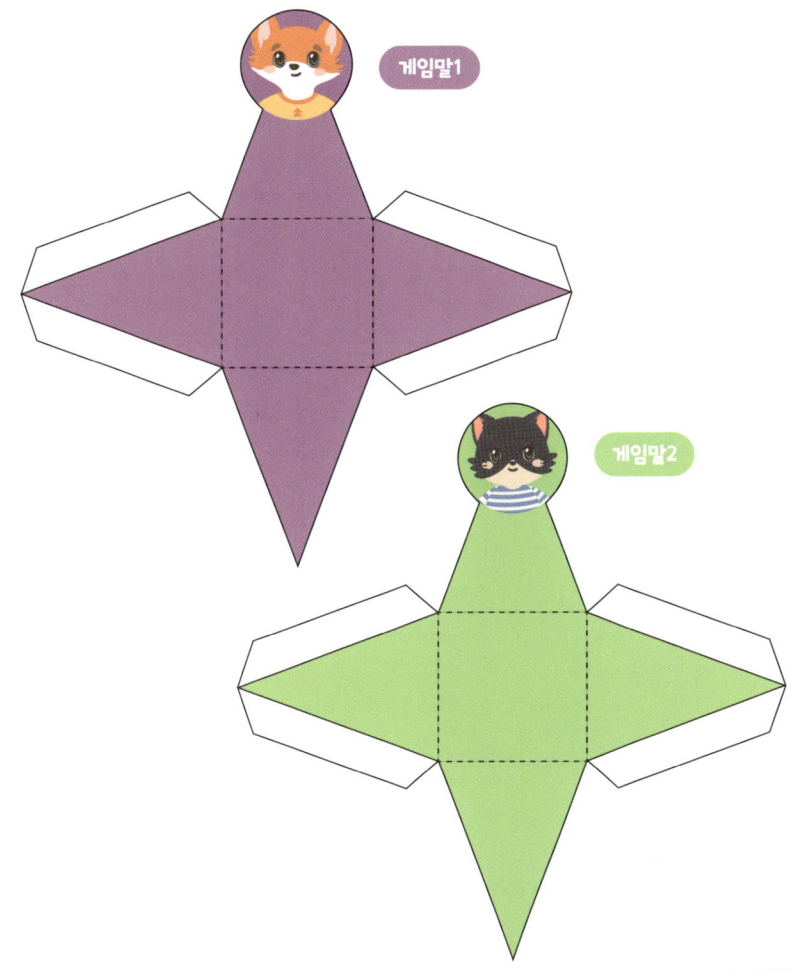

게임말1

게임말2

투자자

투자자

전문가

이름표

자신의 역할, 말과 같은 이름표를
가슴에 붙이고 게임해요.

MEMO

KC 마크는 이 제품이 공통 안전기준에 적합함을 의미합니다.
책 모서리에 찍히지 않도록 주의하세요.

www.popcornplanet.co.kr

# 어린이 수학동아

2023년 6월 23일 초판 1쇄 발행
2024년 7월 23일 초판 2쇄 발행

**지은이** 어린이수학동아 편집부
**펴낸이** 장경애
**센터장** 김정

**편집** 최은혜, 최송이, 최은솔, 이다은, 박소은
**디자인** 조성룡, 김은지
**마케팅** 이성우, 이효민, 홍은선

**일러스트** 동아사이언스, 전병준, 밤곰, 연지, 냠냠OK, 김태형, 이민형, 허경미
**만화** 소노수정, 이은섭, 주로, 최수경, 하성호, 홍승우
**사진** 게티이미지뱅크(GIB), 위키미디어(W), 플리커(F)
**인쇄** 북토리

**펴낸곳** 동아사이언스
**출판등록** 제2013-000081호
**주소** (03737) 서울특별시 서대문구 충정로 29 10층
**전화** (02)6749-2002
**홈페이지** www.popcornplanet.co.kr
www.dongascience.com

이 책에 실린 글의 저작권은 어린이수학동아 및 저자에게 있습니다.
무단전재 및 재배포, AI 학습 및 이용을 금합니다.

ⓒ동아사이언스